# 学前音乐教育的教学理论
# 与实践研究

李 姐 著

汕头大学出版社

图书在版编目（CIP）数据

学前音乐教育的教学理论与实践研究 / 李姮著. --
汕头：汕头大学出版社，2023.10
ISBN 978-7-5658-5155-1

Ⅰ．①学… Ⅱ．①李… Ⅲ．①音乐课－教学研究－学
前教育 Ⅳ．①G613.5

中国国家版本馆CIP数据核字(2023)第194537号

**学前音乐教育的教学理论与实践研究**
XUEQIAN YINYUE JIAOYU DE JIAOXUE LILUN YU SHIJIAN YANJIU

作　　者：李　姮
责任编辑：黄洁玲
责任技编：黄东生
封面设计：皓　月
出版发行：汕头大学出版社
　　　　　广东省汕头市大学路 243 号汕头大学校园内　邮政编码：515063
电　　话：0754-82904613
印　　刷：廊坊市海涛印刷有限公司
开　　本：710mm×1000mm　1/16
印　　张：9.5
字　　数：154 千字
版　　次：2023 年 10 月第 1 版
印　　次：2024 年 4 月第 1 次印刷
定　　价：68.00 元
ISBN 978-7-5658-5155-1

# 前言

　　学前儿童教育阶段是儿童接受正规教育的初始阶段，是基础教育的基础和素质教育的摇篮，同时也是儿童智能全面发展的关键时期。学前教育要依据儿童身心发展的特点和教育规律，坚持保教结合和以游戏为基本活动的原则，促进儿童身心全面和谐发展。作为儿童五大教育领域的一部分，"艺术"特别是音乐教育在不同领域的交叉和融合过程中发挥着重要的中介作用，而这个中介作用是其他领域所不具备的。因此，作为素质教育一部分，音乐教育在儿童的成长过程中是必不可少的。

　　儿童音乐学习不是为了培养音乐家，而是为了培养人的智力和基本素质。学前儿童音乐教育是开展教育活动的重要载体，直接关系到学前教育规范化、高质量化以及特色化的发展道路。深化学前儿童音乐教育改革的任务重大而充满挑战。本书从学前音乐教育的基础理论出发，对学前音乐教育的对象和教学活动设计以及教育课程的开发研究进行了具体介绍，并阐述了音乐学前教育的教学技术创新研究。本书可为学前音乐教育的教学工作者提供参考。

　　本书参考了大量的相关文献资料，借鉴并引用了诸多专家、学者和教师的研究成果，其主要来源已列在参考文献中，如有个别遗漏，恳请读者谅解，并请及时和我们联系。本书写作得到了许多领导和同事的支持和帮助，在此表示深切的谢意。由于能力有限，时间仓促，虽然我们极力致力于充实本书内容，追求著作的完美，但经过多次修订后，仍然难免可能存在一些不妥之处和遗漏之点，恳请专家和读者指正。

# 目录

# 第一章　学前音乐教育的基础理论

## 第一节　音乐的概念

### 一、音乐的内涵

音乐作为一种社会现象，伴随着人类的出现而产生的，或者更确切地说，它是人类社会发展到一定阶段的产物。

音乐作为一门古老的艺术，其定义仍存在激烈的争议。例如，柏拉图认为音乐来源于心灵的智慧和善良，因此能够深入人心，起着美化心灵的作用；而亚里士多德则在现实世界中探求美的客观规律，认为音乐是模仿的艺术，它模仿人的动作和心理活动，是为了表现人的本性，是"心灵的智慧"和"模仿的艺术"；古希腊伟大的哲学家苏格拉底认为，"对于身体用体育，对于心灵用音乐"；中国伟大的教育家、思想家孔子曾经论述："兴于诗，立于礼，成于乐。民可，使由之，不可，使知之。"《乐记》中也有记载："乐者，天地之和也；礼者，天地之序也。"以下是国内外著名的哲学家、思想家、美学家等有关音乐的经典语句。

音乐是人类共同的语言。——朗费罗

音乐是灵魂的直接语言。——谢洛夫

音乐应当使人类的精神爆出火花。——贝多芬

音乐是思维着的声音。——雨果

音乐用理想的纽带把人类结合在一起。——瓦格纳

音乐是唯一一种你无法用来表达卑俗或讥讽事物的语言。——约翰·尼斯金

音乐有人说它是天使的语言，真是妙喻！——卡莱尔

比较众多有关音乐内涵的论述，我们可以从狭义和广义两方面来给音乐下一

个定义。狭义地讲，音乐是指通过有组织的音响来塑造听觉形象，以表达创作者的思想和感情，反映社会现实生活，并使欣赏者在欣赏中获得美的享受的同时也潜移默化地受到熏陶的一种艺术。广义来看，音乐是指任何以声音组成的艺术。

## 二、音乐的本质与特征

### （一）音乐的本质

1. 马克思主义的观点

其一，音乐是人类对现实生活的主观反映。

音乐作为一种艺术形式，和其他形式的艺术一样，也是社会生活在人们头脑中的反映。无论是歌曲还是器乐曲，无论是内心情感的抒发还是生活景象的描绘，无论是有文字标题的器乐曲还是没有文字标题的器乐曲，都是音乐家通过音乐的语言而流露和反映出来的来自现实生活的直接或间接的内心感受和体验。因此，艺术源于生活，音乐是生活的一部分，它不是一种远离现实的艺术，音乐艺术是社会生活的反映，这是一个根本原理。

对于我们而言，好的音乐是可以打动人心的，能够与我们的感情和思绪产生共鸣。比如，现实生活中，当我们感到高兴时，声调通常会上扬，而在音乐中也会从低音逐渐升高，因此在音乐中表现欢笑、赞美、愉悦的旋律往往向上升调，而不是相反。举例来说，像《幸福拍手歌》这样的曲子，整个旋律基本都是从低音逐渐升向高音。当然，艺术的反映不是对社会生活的直接描绘，而是音乐家把自己从现实生活中获得的个人看法和态度等高度概括，然后以"音响"为"原料"进行表现的结果。

其二，音乐是社会生活审美性的主观反映。

马克思主义的基本观点是社会存在决定社会意识，物质生活的生产方式制约着整个社会生活、政治生活和精神生活的过程。不是人们的意识决定人们的存在，相反，是人们的社会存在决定人们的意识。从这一原理出发，马克思又提出：观念的东西不外乎是移入人的头脑并在人的头脑中改造过的物质的东西而已。这里不仅强调了社会存在对社会意识的决定作用，而且还强调了人的头脑在反映世界时的能动作用。

马克思主义美学的主要决定性理论是将艺术视为一种用艺术形象反映现实的

特殊思想形式。如果一个人脱离了社会生活实践，就难以正确感知和充分表现音乐。音乐是一种有特定思想内容的音响形象，同时也是一种社会生活的审美性的主观反映，这就是音乐的本质。

2. 美学理论的观点

音乐的本质是音乐美学研究的核心问题，也是一个基础问题。我们可以从两个方面来看音乐的本质。

其一，"音本体"的观点。

所谓"音本体"，指在音乐本体研究中，将音乐音响运动形态视为其本体存在方式，以音乐的物质构成材料——声音作为其"元理论"研究的依据，以此来展开音乐本质和审美规律的研究。从主客观的相互关系中去探寻和认识音乐本质及存在方式，将音乐的感性材料、形式和内容以及相互关系作为本体研究的中心内容。

"音本体"的表达方式包括"纯音乐""音乐本身"和"绝对音乐"。音乐的构成要素包括节奏、旋律、和声。根据"音本体"观念，音乐被视为"音响及其运动形式"。将音乐感性材料上的特殊性视为音乐的本质，进而认为音乐是自律的。这个观点将音乐的存在看作是音响形态上的旋律、节奏、和声这三个要素的存在。

其二，"乐本体"的观点。

所谓的"乐本体"是对"音本体"的回应，它指的是音乐存在方式的研究。认为音乐美学"是以音乐的存在与音乐美的存在为研究对象""音乐的存在，是音乐美的存在的实践前提，也是其理论前提"。表达"乐本体"的方式主要有："音乐文化""音乐就是一种文化""音乐作为人类文化行为方式"，它包括行为、观念、形态三要素。"乐本体"在音乐美学的本体论研究中，"乐本体"观念通过哲学思考产生一个理论范型，与"音本体"构成一对理论范型。这个理论范型是在中国传统音乐美学思想背景下形成的、具有独特性。因为它将音乐视为人类文化行为方式之一，而不仅仅是音响形态，这是与西方传统音乐学最明显的不同之处。

**（二）音乐的特征**

1. 音乐是声音艺术

音乐以声音作为其物质手段，但并不等同于一切声音都可以被视为音乐，例如，在现实生活中，自然界中的各种声音以及人类的一切言语声音，并不一定成为构成音乐语言的主要物质材料。音乐艺术的声音主要是由人们单个根据审美原则经过加工和创造的一种乐音。这种乐音并不是独立的音，而是由一系列根据不同音高有序排列并逐渐发展的有机整体组成，即音乐学中所称的乐音体系。它通过旋律、曲式、速度、力度等来表现艺术构思，通过听觉刺激人们的生理和心理反应，使大脑和神经系统处于兴奋状态，从而得到美的享受。

音乐，素有"流动的诗，无形的画"之美称。音乐意象的塑造，是以有组织的音为材料来完成的。换而言之，声音是音乐传递的媒介，音乐通过所谓看不见、摸不着的声音进行表情达意。作为音乐艺术表现手段的声音，有与自然界的其他声音不同的一些特点。

任何一部音乐作品中所发出来的声音都是经过作曲家精心思考和创作的，这些声音在自然界中是绝对不存在的。因此，音乐的声音是非自然的，是通过人的创造性艺术活动创造出来的音响，无论是一首简单的歌曲还是一部规模宏大的交响乐，都充满了作曲家的创作思维。

语言具有一种约定俗成的语义，这种语义在运用该语言的社会范围内是被公认的。然而，音乐的声音却完全不同，它仅仅限定在艺术的范围内，只存在于艺术表达的领域。音乐中的声音绝不会像语言那样具有明确的确定含义，它是非语义性的。正因为音乐是非语义性的，它具有自由性、模糊性和不确定性，这为听众提供了丰富的想象空间。

2. 音乐是听觉艺术

音乐艺术的一切实践都依赖于听觉，听觉是音乐艺术最基本的特征，也是音乐区别于美术、文学等其他艺术的基本特征。音乐的声音主要由乐音组成，这些乐音具有高低、长短、强弱、音色等特性，这些特性为音乐艺术提供了丰富多彩的艺术表现力的基础。

音乐带给我们的是一种与现实世界中的普通物体和一般概念不同的听觉形象。这种"听觉形象"实际上是创作者通过一系列错落有致、动听优美的音响效果来表达的，采用类比联系、大致的象征或暗示的方式来构建听者想象中的人物、物品、概念等，从而传达创作者的内心情感。

当我们谈论一种艺术美或一部艺术作品的美时，首先我们总是针对构成这种艺术或艺术作品的物质材料进行评论。例如，我们谈论音乐美时，首要考虑的是音乐的声音美。音乐是一种通过听觉感知的艺术形式，歌唱者需要通过听觉来辨别、检验和校正音调准确性，声音是否动听，吐字是否清楚，节奏是否正确，情感表达是否动人，演奏者需要通过听觉来辨别自己的发音是否准确、清楚、富有感情。舞蹈者需要通过听觉感知音乐的节奏和起伏，以便与音乐合拍起舞，感受音乐情感的变化，并通过动作来表达情感。而音乐欣赏者则更需要借助听觉去感知、想象、理解和领悟音乐。总之，一切音乐活动都离不开听觉，音乐是听觉的艺术。

3. 音乐是流动的空间艺术

音乐是一门流动的空间艺术，而绘画则是一门凝固的空间艺术。优秀的绘画作品能给人以美的享受，画面的色彩、线条、结构中所富含的韵味，可使人产生丰富的联想。优秀的音乐作品也可以被视作一幅美丽的画，这幅画是通过音符充当色彩、旋律充当线条来绘制的，只能通过听觉去"欣赏"的心灵之画。

音乐在宇宙空间中产生、传播、消逝。许多学者曾将音乐比作流动的建筑，因为音乐的构建以至于所产生的立体造型从其复杂性来看绝不亚于建筑。音乐的造型所引起的听觉空间感及其所占据的空间面积远不是一座建筑所能媲美的。音乐在人脑中涌现、感知、升华，这是一种由听觉联想产生的心理幻觉，而人脑中的这种心理幻觉是无限广阔的，其空间是不可预测的。当我们去聆听一部音乐作品时，无法测定其音响扩散的空间范围，也无法为它确定一个空间形态，更无法去测量各个欣赏者内心的想象空间。但事实上当一个人全心地投入音乐中时，音乐就占据了个人的想象空间，这种空间将随着音乐的出现延续而不断变化，当想象升华时，它赋予了音乐空间以更大的不确定性，但随着音乐时间进行的过程，这种空间结构也就随生随灭。因此，音乐空间只是一个可感知的时间整体，是时间一种的回声。

4. 音乐是情感艺术

造型艺术的基本特征更多的是直接再现外部现实生活，而音乐艺术则截然相反。音乐的特长在于内心情感的表达，它通过表现人的感情和意志来传达。音乐可以以多种方式进行表现：一方面，它可以直接抒发个体的内心情感，另一方面，它也可以创造出特有的音乐艺术形象。

音乐艺术家在创作音乐作品时，能够充分运用声音运动的一般规律，并利用宇宙事物运动的一般共同规律和相似状态，他们以音乐的语言来描绘客观社会生活的现象，并表达人的内心感情。换句话说，当音乐作品中的乐音运动形式与所描绘的客观现实生活、人的心理感情活动的运动形式取得某种一致时，这种音乐表现能够通过人的心理联想、通感、共鸣等心理现象来展示和描绘社会生活场景和画面，同时表达了人的内心感情。

## 三、音乐的功能

### （一）音乐的教育功能

自古从来，人们一直高度重视音乐的教育作用。早在中国的先秦时期，孔子就将音乐放在他强调的"六艺"之中，这六艺包括礼、乐、射、御、书、数，其中乐排在第二位。孔子之后，中国的政治家们谈到政治问题时常常提到"礼乐"二字。在某种程度上，这个词甚至成为政治的代名词和同义词。音乐的教育功能主要体现在以下几方面。

#### 1. 美育功能

以情动人是美育的基本方式。美育的目标是培育健康的心理，使学生懂得什么是美，如何欣赏美、表现美、创造美。音乐是一种独特的艺术，通过旋律、节奏、音色、歌词等构建了内在动力性结构的审美形式。它通过听觉的作用，引发人们的情感，激发共鸣、愉悦、激动和联想，音乐有助于塑造道德情操、提升精神品质、意识观念，甚至深深陶醉人的灵魂。因此，美育是音乐教育发挥作用的主战场。音乐审美能力的培养是通过多种音乐教育内容和方法来实现的，旨在提高学生对音乐美的感知、理解、鉴赏和表现能力，从而全面提升他们的审美水平。任何艺术都是表现人类情感的一种方式，而音乐作为最能触动情感的艺术形式，在培养人们高尚情感和审美趣味方面具有独特的作用。每一部优秀的音乐作品都蕴含着高尚的灵魂，无论是《二泉映月》还是《命运》交响曲。这许许多多高尚的音乐，都会使人们在困难面前增添勇气，在痛苦中变得坚强。

音乐审美教育不是自我封闭的教育体系，而是在一定的社会环境中进行的群体活动。就音乐本身来讲，它是现实生活的一种特殊反映，是人类思想和情感的艺术表达。在古今中外众多杰出的音乐作品中，不论是宏大的交响乐还是流行歌曲，它们都蕴含着深切的情感和心灵的闪光点，将这些审美对象引入教学范畴将会产生积极的效果。由于人类社会中既存在真善美又存在假恶丑，音乐不可避免地也具有多样性。审美教育通过情感触动人心，唤醒人们内心深处的情感，使之充满理性和高尚的情操。

2. 德育功能

从不同维度来看，音乐可以被视为一种道德存在，包括形态、行为和观念三个层面。从历史角度看，音乐是道德文化的重要组成部分。从内在结构来看，音乐融合了感性和理性，与人的道德品性相呼应。对音乐的理解表现和创造，反映了人类的基本素质和能力，也反映了个体的道德品质。通过良好的音乐教育，可以培养学生积极向上的生活态度、勇敢善良的道德品质以及集体主义的合作精神。音乐在道德和伦理方面具有净化作用，这个观点早在古希腊大哲学家毕达哥拉斯的理论中就有所提及。后来柏拉图也认为，音乐教育相对于其他教育而言，是一种更为强有力的工具。

音乐教育的德育功能有两个层次的含义。首先，音乐本身的社会道德作用。音乐之美，实为道德之美。音乐是一种塑造德育语言和情感的方式，也是一种引导德育思维方式和行为的方式。音乐直接参与内在德性和外在德行的积淀和建构，为德育过程提供了逻辑起点。音乐通过其生动、优美、直观的音乐形象吸引人并感染人，使受教育者潜移默化地受到教育，正如孔子所说："知之者不如好之者，好之者不如乐之者。"

音乐作品通过有组织的声音运动来创造音乐形象，以表达思想和感情。实际上，伟大的音乐家贝多芬也是一位伟大的思想家，正如罗曼·罗兰所说：贝多芬是一位凭借内心成就伟大的人。贝多芬的作品中充满英雄主义、乐观向上、不屈不挠、藐视权贵的精神以及自由、平等、博爱的思想，正是这些元素吸引了众多的拥护者。

其次，音乐教育的德育功能与美育互相联系，互为补充。音乐教育通过音乐美来感化人，虽然它不会直接通过音乐的声音运动来呈现政治、理想、道德等社会内容的功能，但却依靠审美主体对其实行想象和联想以实现其目的。音乐教育本质上属于美育，美育和德育一样，都作用于人的精神世界，但它们的教育的方式不同。以美育人、以情感人，是通过激发个体的审美感知和情感反应来实现，与以说教为主的德育有着本质区别。自古以来，人们普遍认为音乐教育具有道德教化作用。

3. 智育功能

音乐教育有助于促进思维活跃，反应敏捷，并增强记忆力。音乐训练可以促进大脑左右两半球的均衡发展，为智力开发提供了生理和心理的基础。音乐作为一种以人为主体的审美活动，是在大脑支配下的复杂心理过程，需要有充分的智力参与，以确保音乐活动的正常进行。此外，音乐智力包含多个智力因素，音乐教育的过程本身就是对智力开发的过程。例如，在歌唱和演奏等活动中，通过观看乐谱进行视唱或演奏，将音乐符号通过瞬间记忆转化为歌唱或演奏的操作指令，这是一个记忆过程。然后进入二度创作过程，需要发挥想象力和创造性思维等心理能力，以提高歌唱或演奏的艺术表现力，这就是想象力的培养过程。

创作者通过对社会和生活的观察，经过对音乐语汇的积累记忆、运用联想、想象和创造性思维进行构思、创作，才能使作品具有艺术个性。音乐鉴赏也涉及联想、想象、理解、分析、评价等心理过程，这个过程是充满积极的创造性思维活动的。因此，音乐教育整个过程都在积极地开发智力，创造新思维。"音乐可以启迪智慧"，这么说一点也不夸张。

音乐学科具有其他学科无法替代的特殊功能，它能为学生提供更为自由广阔的想象与创造空间，对促进个体的智力和技能的发展具有重要作用。

4. 体育功能

体育的目的不仅在于培养身体健康，也在于培养心理健康，音乐教育正好可以发挥这一作用。音乐具有调节紧张情绪、减轻心理压力、治疗心理疾病的潜力，事实上，有关如何利用音乐治疗生理疾病的科研活动一直在进行中。这是因为音乐独有的旋律、节奏和节拍可以对人体产生特殊的影响和作用，有助于提高身体的协调性。例如，在音乐教育中，视唱和听音训练可以培养敏锐的视、听能力；歌唱活动可以锻炼呼吸器官的功能和增加肺活量；发声、咬字、吐词的训练则使人们口齿灵活；乐器的训练能锻炼手指及部分体位的灵敏和协调性；舞蹈训练可锻炼身体的协调性和柔韧性。所以这些训练对人们的心理和生理健康都具有积极的促进作用。

### （二）音乐的社会功能

1. 审美功能

审美是人们对客观事物好恶甄别与美丑鉴赏的一种心理活动，是根据个体对某事物的需求和期望产生的对事物的看法。音乐审美功能是指通过音乐艺术的教育，使受教育者提高音乐审美能力，学会感受音乐之美、鉴赏音乐之美、创造音乐之美，从而使人在各个方面得到音乐之美的陶冶和塑造，全面和谐地发展个体。音乐作为一门独特的听觉艺术，通过音乐的旋律美、歌词的语言美、音响的意境美、表演的体态美、情感的表达美来陶冶人的情操，净化人的心灵，美化人的行为。例如，音乐本身的形态美，是由创作者将音乐的多种表现要素按照美的规律构建的艺术化结构，其中包括音乐旋律的多样性、节奏的各种律动、音色的无限变化以及将各种要素组合在一起的均衡、匀称、和谐、统一、对比、变化等自然美的原则，满足了人们的听觉审美需求。

音乐的审美功能对社会的影响最为深远。音乐的审美功能一方面是建立在天然生物需要满足基础之上的一种更高的精神；另一方面，又是与社会功利保持一定的距离却又为广泛、深刻的社会内容、社会意义所牵制的某种精神满足。它是人在满足基本的生物性需要之后向更高的精神境界的追求，是一种涉及许多高级心理功能的复杂心理状态。由于音乐能把千锤百炼、高度发展的社会理性凝聚呈现为明显直观、灵活多姿的感性形式，因此，它在提高审美感受能力的同时就给人以教育，不仅对智力开发给予有力的促进（提高联想、幻想和创造性想象能力，提高抽象思维、敏慧推理的智能，提高对于外来信息的记忆、反馈能力），而且对各种非智力因素（如自制力、毅力、细心、专注、适度）的培养，以及性格、情操方面各种良好素质的塑造，都具有深远持久的作用。

音乐的审美功能并不是一种孤立的现象，它总是隐含着广泛和深刻的社会内容，它必然带有倾向性功能的印记。音乐的审美功能既有独立意义，又渗透在音乐的其他功能之中。它是音乐和其他艺术中最主要的一种功能，是整个音乐功能网中的核心和枢纽。

2. 娱乐功能

音乐的娱乐功能主要是指通过音乐的艺术欣赏活动，使人们的审美需要得到满足，获得精神享受和审美愉悦。音乐能愉心悦目、畅神益智，通过欣赏音乐，让身心得到愉快和休息。音乐的娱乐功能是客观存在的，娱乐是人们精神生活的追求，高尚的艺术享受有利于人的身心健康、也就是说，音乐不仅对人的感情和思想产生影响，而且对人体的心理和生理都产生实质性的影响。物质产品是为了满足人们的生存需求，精神产品则是为了满足人们的心灵需求。音乐提供有教养的娱乐、有文化的休息，丰富人们的精神生活，给人以轻松的美的享受。古罗马美学家贺拉斯就曾提出："诗人的愿望应该是给能人益处和乐趣，他所写的东西应该给人以快感，同时对生活有帮助。寓教于乐，既劝谕读者，又使他们喜爱，才能符合众望。"中国先秦时期的艺术理论著作《乐记》中也有类似的思想，提出了"乐者乐也"的主张，认为艺术（包括音乐）应当使人们得到快乐。

音乐娱乐功能的另一个作用是通过音乐的欣赏使人们得到积极的休息，从而以新的精力去投入新的工作。换句话说，音乐可以提供有教养的娱乐和有文化的休息，通过放松的审美享受来积蓄精神的素养和活力。许多西方现当代心理学流派都高度重视音乐对欣赏者深层心理的宣泄或净化作用，认为音乐可以使人们在现实生活中受到的压抑或无法实现的情绪、愿望、期待、理想，通过音乐艺术创造的想象世界或梦幻世界得到排解、完成或满足。比如从原始氏族的集体歌舞到后来的儿童唱游，再到各民族现存的集体歌舞和群众聚会上表演的歌舞节目，音乐都发挥了这样的功能。

3. 认知功能

音乐具有明显的民族性、地域性和时代性，能够从一个侧面反映出当时和当地的社会状况。音乐蕴含着丰富的、历史的和现实的文化内涵，是社会文化的一个重要组成部分，有助于提高个体的文化修养。音乐的认知功能，有别于其他艺术门类，如文学、美术等。音乐中的认知不在于使听众"多识于鸟兽草木之名"或通过音乐认识事物的具体形状，而是人们通过对音乐的艺术鉴赏活动，更深刻地认识自然、社会、历史、人生，这是一种宏观的、直接感受于心的、默契般的认识。

首先，音乐具备对社会、历史、人生的审美认知功能。音乐艺术活动具有反映与创造的统一、再现与表现的统一、主体与客体的统一等特点，它往往能够更深刻地揭示社会、历史和人生的真谛和内涵，具有反映社会生活的深度和广度的特长，并且常常是通过生动感人的艺术形象，给人们带来难以忘却的社会生活的丰富知识。音乐反映社会生活，同时又给予社会以深刻的影响，它不仅仅反映客观世界或客观的社会关系和历史进程，也包括反映人的主观世界——人的思想、情感、意志等。宇宙和人生中的任何领域都可以成为音乐描写的对象，因此，也都可以在音乐中以不同的方式得到反映。

其次，对于大至天体、小至细胞的自然现象，音乐也同样具有审美认知作用。音乐艺术可以帮助人们增长各种科学知识。例如，聆听格罗菲的《大峡谷》，不仅能领略美洲科罗拉多河大峡谷的自然风光，而且还可以了解相关的地理知识和当地风土人情，而聆听《春江花月夜》，则可以感受到春夜的美好和宁静。

4. 保健功能

音乐的保健作用主要表现在音乐能调节人的情绪，促进身心健康。现实生活中，我们可以看到很多书籍和报刊上介绍音乐与人健康密切相关的文章，例如关于胎教。我国音乐治疗专家张鸿懿和孙惠兰在有关音乐胎教的论文中介绍：优美健康的音乐能促进孕妇分泌出一些有益健康的激素、酰和乙酰胆碱等物质，从而调节血液流量并刺激神经细胞的兴奋作用。

除了保健的价值功能外，音乐也用于疾病治疗。音乐治疗学是一门新兴的集音乐、医学和心理学为一体的边缘交叉学科。古今中外都曾有著名的学者和医师使用音乐治疗，并提倡这一方法。目前，音乐治疗法已经在很多国家盛行，医学界通过临床实验认定了音乐对放松身心、振作精神、诱发睡眠等方面的实际效果。从生理角度来看，音乐能够引起呼吸、血压、心脏跳动以及血液流量的变化。某些类型的音乐还能刺激身体释放一种内啡肽类似物质，可达到放松身心和舒缓疼痛的效果。

总之，音乐的社会功能是以潜移默化的方式通过欣赏者的心理活动得以发挥的。美妙动听的音乐使人感到赏心悦目，达到娱乐的目的。音乐的教育功能主要是通过激发人们的感情来影响内心世界的方式来实现，因此，高尚而优美的音乐有助于平息躁动的、非分的欲望，使人自觉地遵守规范与制度；激昂而有力的音乐有助于激发人的斗志，使人自觉奋发、拼搏进取。

# 第二节　学前儿童的音乐概念

## 一、学前儿童音乐的特点

所谓学前儿童音乐，是指学前儿童所参与的音乐艺术活动，这些活动反映了学前儿童对音乐的感受、体验、表现和创造，同时也表现出他们对周围世界的认知、情感和思想。具体而言，学前儿童音乐具有以下基本特点。

### （一）愉悦性

音乐以其独有的旋律和语言表达人类各种不同的情感。音乐最神奇的地方在于它能够直抵人心，因此，音乐艺术有能力触动人的情感世界，这主要源于它本身具有强烈的愉悦性和感染性。音乐给人以愉悦感，它是审美经验积淀，是一种综合的心理反应，是一种美感的享受。音乐的愉悦性本身就是美的一种体现，当它以独特的艺术魅力为你带来愉悦的时候，它也在滋润着你的心灵，使你在不知不觉中受到陶冶和教育，真可谓"润物细无声"。比如，当人们在欣赏一部优秀的音乐作品，听到悦耳的旋律时，会直接激发审美情感，仿佛进入一个新的世界，使人们的心里洋溢起一种难以名状的喜悦，进而使人精神振奋，心情舒畅。

儿童在聆听音乐的时候，会身不由己地陶醉在乐曲所描绘的境界之中，身体也会随着音乐左右摇摆，从而产生情感上的共鸣。这是因为儿童天生的好动性在音乐活动中得到满足，从而获得快乐；同时，儿童音乐活动，如歌唱、韵律活动和音乐游戏，不仅满足了他们的社交需求，还给予他们快乐的情感体验。我们在幼儿园会经常看到这样的情景：不管幼儿正在做什么，只要老师一开始弹琴，他们就会不约而同地踏着音乐节拍，高兴地随着音乐拍手、点头……

### （二）感染性

音乐使用的物质材料是声音，是通过声音表情达意的一门艺术。它与文学和美术有着完全不同的表现方式。绘画是通过"形象逼真"来描绘物体，文学是运用语言来真实地表现思想和概念。而音乐更擅长于表现人的情感。让幼儿欣赏音乐、演唱歌曲、练习律动、参加音乐活动等，都蕴含着人类丰富而细腻的情感。

对幼儿的心理可以产生其他学科无法比拟的刺激，这使幼儿的情感激发和感染力表现得更为直接和强烈。利用儿童音乐的这一特点，可以引导幼儿在玩乐中学习、在愉悦中学习，这体现了儿童音乐感染性的特质。

热爱音乐是儿童的天性。幼儿以充满好奇和探究的心情来到这个世界上，他们睁开眼睛就要寻觅鲜艳和明快的色彩，观赏五彩缤纷的世界，他们竖起耳朵渴望倾听母亲的声音和环境中丰富多变的音响。美丽鲜艳的色彩与图案可以满足儿童视觉的需求，而优美动听、欢快活泼的音乐便是满足他们听觉需要的最好刺激。音乐抑扬顿挫的音高、张弛的节奏、起伏相间的力度、或急或缓的速度、绚丽的音乐色彩传递着丰富的情感，幼儿通过感知，使自己所听到的音乐传入大脑，产生一种特殊的不同凡响的情感体验，增添了兴奋情绪的积极动力。儿童音乐的感染性影响往往不像语言的表述那样直截了当，而是像春雨般点点滴滴渗透到儿童的内心和心灵深处，发挥着潜移默化的教育作用。

因此，音乐教育是一种非常具有艺术感染力的审美教育，它将高度发展的社会理性转化为生动、直观的感性形式。学龄前期的幼儿正处于个人情感由低级向高级逐步发展的阶段，伴随着幼儿社会交往活动的日益扩大以及情感生活的日渐丰富，充满情感色彩的音乐活动正好能满足幼儿情感发展的需求。较好的音乐作品、音乐教育活动总是能使幼儿产生对音乐的情感共鸣，进而激发幼儿良好的情绪和情感，提高幼儿的音乐鉴赏能力，净化其心灵，完善其人格。

例如，儿童歌曲《小乌鸦爱妈妈》是一首具有教育意义的歌曲。儿童在演唱这首歌曲时能深刻地体验到小乌鸦急忙飞回家，把虫子一口一口喂妈妈的感人场景。他们自然也会在吃东西时想与妈妈一起分享："这个好吃，妈妈，您吃。"再如，幼儿都很熟悉的儿歌《劳动最光荣》，歌曲的教育意义正是对爱劳动的颂赞，歌曲是以幼儿天真淳朴的语言、愉快的情感、旋律的变化表现了歌曲的情节，给儿童以启示：大家都不喜欢不爱劳动的小朋友。儿童音乐的教育作用能够在儿童的内心深处产生深刻的共鸣，它比纯粹的说教更有说服力、更深刻、更持久。

**（三）独特性**

每一部音乐作品都孕育着作者对现实生活和内心世界的诠释。音乐不仅是通过声音来反映人们的思想、情感以及社会生活的听觉艺术，而且也是极富个性的艺术。也就是说，每位作曲家对作品内容的表达，每位表演者对作品内容的诠释，以及每位欣赏者对作品内容的感受和理解都是独特的。

对于儿童而言，不同的个体面对同一首音乐作品，其听觉感受和心理活动也各不相同。不同年龄阶段的儿童欣赏同一首音乐作品时，其认识和体验也会有所不同，这就体现了学前儿童音乐的独特性。这种差异受到儿童认知水平的制约，同时也受个人情感和个性等方面的发展状况影响。每个儿童都会自觉或不自觉地进行感知、想象、理解等具有个性化的心理活动。

## 二、学前儿童音乐的美学特性

儿童音乐除了具有音乐艺术一般的美学特征外，还有其独立的美学特质。这是因为儿童音乐的艺术对象区别于成人音乐，儿童音乐是有意识地"为儿童创作"的音乐。音乐作品采用儿童的视角，呈现的是充满童心、童情、童趣的儿童世界。

### （一）形式美

与儿童音乐审美特征联系最为紧密的音乐形式美主要体现在音色、节奏、旋律和力度四个方面。

### 1. 音色

音色，又称为音品，是指声音的感觉特性。每一种乐器、不同的人，以及所有能够发声的物体所发出的声音，除了一个基音外，还伴随着许多不同频率（振动的速度）的泛音，正是这些泛音决定了其不同的音色，使人能辨别出是不同的乐器甚至不同的人发出的声音。例如，有些人音色嘹亮柔美，有些人音色激昂高亢，有些人音色清脆悦耳等等。乐器的音色则更加复杂和丰富，比如小提琴纤柔灵巧，大提琴深沉醇厚，双簧管优雅甘美，小号高昂嘹亮，等等。

在儿童音乐中，作曲家往往通过选用儿童感兴趣的音色，如稚气甜美的童声、清脆活泼的碰铃等，来吸引儿童的注意力。法国作曲家圣桑在他的组曲《动物狂欢节》中，巧妙地运用多种音色，生动地描绘了各种动物的形象，其中，大象的音色选用了低音区声音粗拙的倍大提琴，以突出大象粗壮的体态和沉重的舞步；而天鹅的音色则选用温暖的大提琴，表现了天鹅高贵优雅的气质。同样，木管乐器中的长笛、双簧管、单簧管常常被用来描绘大自然，因为它们的音色犹如鸟儿的鸣叫或田园风笛。

2．节奏

节奏是音乐的基础，也是旋律的骨架。它在音乐中的价值无可替代。音乐中时间的变化主要体现在节奏的变化中，人们常常把它比作音乐的呼吸和脉搏，它让音乐更有生命力，是音乐发展的力量源泉。对于节奏的定义有很多，一般认为节奏是指音乐运动中音的长短和音的强弱，即音符与休止符在时值上有组织的序列。也就是说，不同长短的音按照一定的时间规律组合起来，形成节奏。节奏在自然界和我们的生活中无处不在，如心跳的节奏、下雨的节奏等。节奏是一种动态的存在形式。音乐中的节奏多种多样，既有轻重与缓急的变化，又有松散与紧凑的表现。

儿童音乐作品通常以规则鲜明的节奏为主，例如，二拍子的强弱对比鲜明有力，宜表现活泼欢快、刚劲果敢的情绪；而三拍子富有悠缓动荡的特点，常用于表现摇摆、悠缓的意境。一般而言，较快的节奏能够引发人的兴奋情绪，与儿童激烈运动时的心跳和呼吸相呼应；而较慢的节奏则使人心态平和，情绪稳定。在儿童音乐中，快速和中速是常见的类型，因为它们更符合儿童的生活经验和情感表达。

3．旋律

旋律是音乐的基本要素，通常指若干乐音经过艺术构思而形成的有组织和节奏的序列。也就是说，音乐通过一定的音高变化勾勒出不同的旋律。

儿童音乐作品中，旋律的表现是多种多样的，主要有平稳式的进行、上升式的进行、下滑式的进行、弧形的进行及以上各种旋律状态不同组合的进行。不同音区的旋律可以表达不同的思想和情感，高音区的旋律一般具有清脆尖锐的特性，而低音区的旋律往往给人浑厚和深沉感。不同的旋律走向会影响儿童在音乐体验中的情绪状态。例如，《大象走》乐曲的旋律主要在低音区进行，音乐低沉、速度较慢、力度较强，儿童欣赏时有一种沉重的感觉；而《幸福的花朵》作品的旋律主要是在中音区，音乐欢快，速度较快，儿童在哼唱时，有一种轻松和愉悦的感觉；顾嘉林的钢琴小曲《钢琴》的旋律美丽，表现了幼儿滑滑梯自上而下及快速下行的生动情景。

4．力度

力度是指音乐的强弱程度。力度的变化对音乐形象的塑造起着很重要的作用。

一般来说，力度强烈的音乐，如进行曲一类的作品，容易让儿童感到兴奋、愉悦、充满向往；而力度轻柔的音乐，如摇篮曲一类的作品，则容易让儿童感到安静、放松，有更多的遐想空间。

三岁儿童的感知力度和对音区的变化理解还有一些困难，例如，当音乐旋律在高音区进行及低音区进行时，他们必须在成人指导下理解小鸟飞得轻快，小鸟唱歌声音高，而大象粗笨，声音低沉厚重。四五岁儿童已经能够区别音乐中明显的力度和速度变化，尤其是对比鲜明的音乐，但是不能感知力度和速度的细微变化。六岁儿童能够初步把握音乐表现手段，能够辨认速度、力度以及音区的变化。

**（二）内涵美**

**1. 直观具象**

学前儿童的思维比较直观，他们对具体形象的事物会投入更大的注意力，例如风声、雨声、鸟叫声等，这些都能吸引儿童的极大兴趣。因此，儿童音乐经常会模仿自然界的声音，以暗示某种景物，或者通过音响的运动状态来象征某种视觉形象，使音乐具有某种程度的造型性，以此来增加儿童对音乐的兴趣。

一般说来，儿童音乐中描绘自然景物的作品比较多，比如柴可夫斯基《儿童曲集》中的《云雀之歌》，就是以写实手法表现自然音响的一个典型例证。这也是一首适合儿童演奏和欣赏的音乐，乐曲通过运用前倚音和波音式三连音，生动刻画了云雀欢快的叫声。音乐清脆悦耳，让人仿佛置身于大自然之中。音乐中的儿童形象往往是通过表现儿童生活情景的活动来塑造的，例如，儿童歌曲《小陀螺》通过 2/4 拍的强弱重音来模仿一种重心不平衡的感觉，生动地刻画出陀螺一圈圈地转来转去的情景，正是这种节奏和力度的变化表现，活灵活现地刻画出一个玩耍的儿童无所顾忌、兴致勃勃地玩陀螺的场景。

**2. 纯真稚拙**

纯真是儿童天生的本质，意味着拒绝雕琢、排斥矫饰、自然天成，因此需要用简洁的音乐形式来表达生命的本真意趣，在那些看似无足轻重的事物中找到深刻的意义。儿童音乐的纯真之美来源于儿童生命和精神中所蕴含的纯真品格。儿童音乐通常采用欢快流畅的旋律、和谐明朗的和声以及清晰透明的音乐结构来表现儿童天真活泼、纯净和率真的本性，其浓郁的生活气息创设了天真无邪的独特情境，给人留下深刻印象，引发心灵的共鸣。

对学前儿童音乐来说，纯真是儿童的本性之美，而成人音乐家也非常重视和向往这种纯真的艺术风格。例如，舒曼的《童年情景》，这部音乐史上极为独特的作品，手法简练，形象刻画生动准确，心理描写逼真，欢快动人，饶有童趣。在第三乐章《捉迷藏》中，作曲家生动地描述了记忆中的童年时代与同伴做游戏的生动场景。全曲通过快速上下行音阶式的音型在声部间此起彼伏，就像孩子们忽隐忽现、相互追逐着游戏玩耍，童年天真稚拙的形象从音乐中流泻而出。

稚拙和纯真一样，是儿童音乐的艺术本质和美学天性，它是一种柔和、淡雅、原始、质朴、明净、透彻的美。在儿童音乐作品中，稚拙不仅表现为形式的简洁朴素，还表现为心理内涵的浅显和单纯。

3．泛灵幻想

儿童的生理和心理特点，尤其是儿童审美心理中的自我中心思维、任意结合逻辑和泛灵观念，决定了儿童拥有极为丰富的想象力。在儿童的思想中，世界上的万物和自己一样都有生命，它们喜怒哀乐地活动着，现实世界和幻想世界之间并没有严格的界限，他们同时生活在这两个世界里。在拉威尔的儿童歌剧《孩子与魔术》中，有路易王朝式的交椅、中国式的茶碗、火、白猫、蜻蜓、黄鹂、蝙蝠、猫头鹰、松鼠、沙发、时钟、茶壶、树、青蛙、数字等，都被作曲家赋予了生命。

幻想是儿童的一种天赋和本能，凭借着幻想，他们在现实的大世界中营造着自己的小世界。儿童音乐创作中的各种幻想，是音乐家对儿童的快乐天性与纯真童心的深刻领悟与精心创造，这也是音乐家对儿童音乐审美心理的一种独特外化形态。

## 三、学前儿童音乐的类型

### （一）按照体裁分类

体裁是作品的存在形式。儿童音乐根据内容性质、表演的形式、作品风格等，可以分为以下几类：

1．儿童歌曲

儿童歌曲种类繁多，主要类型有摇篮曲、数数歌、游戏歌、连锁调、绕口令、问答歌、颠倒歌、字头歌、谜语歌等。

（1）摇篮曲

摇篮曲，又称摇篮歌或催眠曲，属于"母歌"之一。最初，摇篮曲是母亲在摇篮旁为使婴儿安静入睡而唱的歌曲，后来逐渐演化成为一种音乐体裁。摇篮曲的音乐形式通常充满温馨、亲切和安宁的氛围。曲调平和、徐缓、优美，传递着母亲对孩子未来的热诚的祝福。伴奏中往往模仿摇篮摆动的律动。许多著名作曲家如莫扎特、舒伯特、勃拉姆斯都创作过这类歌曲。

摇篮曲的特点是：音乐形象一般都具有安宁、抚爱、真挚的特点；曲调抒情、静谧；旋律比较平稳，音域适中，不用过高过低的音，起伏不大；节拍形式多为2/4、4/4、6/8 等复拍子，也有 3/4 拍子的，节奏、节拍不强调重音，但律动整齐，以适应表现摇篮徐缓、摇曳的特点；速度缓慢，大多是行板；力度较弱，一般不超过中强（mf）；调式一般用明朗的大调式；演出形式一般为女声独唱。

（2）数数歌

数数歌是以适合儿童审美心理的形象描写来巧妙地训练儿童数数能力的儿歌。它把数学与文学巧妙结合起来，是适合儿童认知水平的、最早的算术教材。例如，传统儿歌《一二三四五》："一二三四五，上山打老虎，老虎没打到，看见小松鼠，松鼠有几只，让我数一数，数来又数去，一二三四五。"

（3）游戏歌

儿童游戏时伴随着一定的游戏动作而吟唱的儿歌，像《找朋友》《丢手绢》《跳绳歌》等，都是游戏歌，它们的特点就在于有明显的组织游戏的作用。

（4）连锁调

连锁调，即连珠体儿歌，是中国童谣的一种传统形式。它以"顶针"的修辞手法构建全歌，即将前句的结尾词语作为后句的开头，或前后句随韵黏合，逐句相连，易唱易记，颇具情趣，从内容到形式都独具特色，深受幼儿喜爱，对培养幼儿的思维和语言能力十分有益。这类儿歌通常没有明确的中心主题，但它们的节奏和韵律感非常强烈。

（5）绕口令

绕口令，也称拗口令或急口令。它是把一些发音容易混淆的字连缀成有一定意义的儿歌，是专门用来训练儿童发音的。

（6）问答歌

问答歌，指采取一问一答或连问连答的形式来叙述事物、反映生活的儿歌。

（7）颠倒歌

颠倒歌，有的地方也称滑稽歌、反常诗、古怪歌或倒唱歌、撒谎歌，指故意把事物的本来面目颠倒过来叙述，使其具有幽默和讽刺意味的儿歌。它以表面的荒诞暗衬、揭示事物的本质，其中常常蕴含着一定的哲理。这类儿歌幽默诙谐，能够让儿童轻松愉快，同时也有助于培养儿童辨别事物的能力。

（8）字头歌

字头歌是传统儿歌中的一种常见形式。每句最后一字几乎相同，一韵到底，有很强的韵律感。一般多见的有子字歌、头字歌、儿字歌等。

（9）谜语歌

谜语歌采用寓意的手法，抓住谜底与谜面间的某种联系，以歌谣形式叙说现象或事物的特征。谜语歌是一种有文学趣味的、有益的智力游戏，它可以对儿童进行知识教育，同时，歌中准确生动的语言，形象有趣的描述，又有利于儿童语言的发展。谜语歌还可以促进儿童分析、综合、推理、判断能力的发展，促进儿童记忆、想象、联想能力的提高。

2．儿童器乐曲

儿童器乐曲主要包括两类：一类是指适合儿童演奏的器乐作品，是作曲家专门为提高儿童演奏技术而创作的，如《小鸟》（罗忠熔曲）《扑蝴蝶》（丁善德曲）《青蛙合唱》（汤普森曲）《雪花飞舞》（德彪西曲）《小士兵进行曲》（舒曼曲）等。这些乐曲旋律优美动听，形象生动，富有趣味，以适合儿童的演奏技术和审美心理为目的。

另一类是适合儿童欣赏的器乐曲。除上述这些音乐作品外，各国音乐家为孩子写了大量优秀的器乐曲。这些乐曲往往有一定的技术难度，并不适合儿童演奏，但适于儿童欣赏，如里姆斯基·柯萨科夫的《野蜂飞舞》、德彪西的《玩具盒子》《月光曲》、比才的《儿童游戏曲》《进行曲——鼓和号》《摇篮曲》、贺绿汀的《牧童短笛》《晚会》《摇篮曲》、普罗柯菲耶夫的《彼得与狼》等。

3．儿童歌舞剧

儿童歌舞剧包括儿童歌剧、儿童舞剧，也包括综合了儿童诗歌、音乐和舞蹈的儿童歌舞剧。

儿童歌剧是随着学校音乐教育的逐渐成熟而产生并发展起来的。儿童天性好动活泼，喜欢富有动感的场景，因而儿童歌剧的结构简单，情节生动，故事性强，尤其是动作性突出，富有儿童情趣。

儿童舞剧一般以一个适宜儿童的故事为背景，根据故事配合音乐，安排不同的角色，通过舞蹈表演的方式来展现剧情。例如普罗柯菲耶夫的《灰姑娘》、拉威尔的《鹅妈妈》、根据安徒生童话改编的《拇指姑娘》以及根据恩斯特·霍夫曼的童话《胡桃夹子和鼠王》改编的舞剧《胡桃夹子》等。

儿童歌舞剧是供儿童表演，以诗歌、音乐和舞蹈为主要表现手段的儿童戏剧。题材大都反映儿童生活，多采用童话体，歌词简明、浅显，音乐通俗、流畅，舞蹈语言活泼、生动，是儿童观众较为喜爱的戏剧形式之一。早在20世纪20年代，我国现代儿童歌舞剧作家黎锦晖先生就创作了13部儿童歌舞剧，其中《麻雀与小孩》《葡萄仙子》《小小画家》《月明之夜》以及歌舞表演曲《可怜的秋香》比较著名。

4. 交响童话

交响童话就是用交响乐的形式讲述一个童话，其实是一种与交响诗类似的音乐体裁，只是它的内容是童话，如普罗柯菲耶夫的《彼得与狼》、史真荣的《龟兔赛跑》等。《彼得与狼》是前苏联作曲家普罗柯菲耶夫为少年儿童而作的一部交响童话，该作品音乐形象鲜明生动、音乐内容通俗易解，蕴含着深刻的教育意义。

《彼得与狼》这部交响童话主要讲述了少先队员彼得勇敢机智地战胜恶狼的故事。其故事情节大致如下：少先队员彼得打开后门来到草地上与他的朋友小鸟一起玩耍，这时家中的小鸭也溜了出来在池塘嬉游，小鸟看见小鸭子后，便飞到它的身边对它揶揄了一番并引发了它们之间的一场争吵。小猫见此情景趁机要捕捉小鸟，但被彼得拦住了。后来，爷爷来了，他生气地唠叨着并吓唬他们说狼要来了，把彼得带回了家。不久，狼真的来了，它吃掉了小鸭，还躲在树后要捉小鸟和小猫。彼得在家中看到这一情景后，不顾个人安危，在小鸟的帮助下套住了狼尾巴并将它拴在树上。最后，爷爷和猎人赶来了，把狼抓进了动物园。通过这个故事，作曲家向大家揭示了这样的一个道理：只要我们团结起来，敢于进行勇敢机智的斗争，就可以战胜任何貌似强大的敌人。

这部交响童话中有很多角色，如彼得、小鸟、猫、大灰狼、鸭子、老爷爷及猎人等。故事中的人物、动物和事物都被作曲家以各种形象性的"主导动机"来刻画，这些动机分别采用了弦乐、长笛、双簧管、单簧管、大管、圆号、定音鼓和大鼓等具有着不同音色的固定乐器来表现，具有很强的艺术感染力和表现力，因而成为交响童话的典范。

**（二）按照题材分类**

在儿童音乐作品中，常见的题材有以下几类：

1. 游戏题材

对于儿童来说，玩耍是他们的天性，音乐是"有趣"的"游戏"的一部分。儿童把音乐与游戏看作是一个整体，通过自身的感受，将声音与身体反应（如随音乐跳舞）整合在一起。游戏题材的儿童音乐作品数量繁多，也是深受儿童喜爱的音乐题材。

比如舒曼的钢琴组曲《童年情景》是钢琴艺术史上一部独特的作品。这部组曲由十三首钢琴小品组成，每一首都用一个个性鲜明的音乐形象来反映儿童生活的一个方面，包括《异国和异国的人们》《奇异的故事》《捉迷藏》《孩子们的请求》《无比的幸福》《重要事件》《梦幻曲》《火炉旁》《竹马游戏》《过分认真》《惊吓》《入睡》《诗人的话》。其中曲三《捉迷藏》，乐曲短小轻快，用顿音奏出的快速十六分音符，像旋风一样上下行走，把人们一下子引入既紧张又欢乐的气氛之中。大群的孩子们快活地玩捉迷藏游戏，音乐显示了儿童活泼、好动的天性与旺盛的精力，这首乐曲是组曲中最富于诙谐性的。曲九《竹马游戏》三拍子、连续的切分音、连续的休止起音、连续的弱拍重音，是这首乐曲的独特之处。用同一节奏型与同一力度连续组成的韵律，给人一种很有规律的动荡感，可以感觉到孩子们以竹当马，骑在上面或一同跃起，或一上一下的顽皮有趣劲儿。

再比如比才的管弦乐组曲《儿童游戏》，音乐紧凑简洁，想象力丰富。乐曲描述的是儿童喜欢玩的秋千、陀螺、木马、羽毛球、布娃娃、喇叭、小鼓、跳房子、肥皂泡、过家家等地道的儿童游戏。它真实地再现了儿童游戏的乐趣，用音乐的方式揭示了玩耍的真谛。

2. 生活题材

儿童的生活世界多姿多彩、五彩缤纷，许多音乐家以儿童的家庭生活和学校生活为题材，捕捉儿童的生活场景，创作了许多脍炙人口的作品。例如，舒曼的《少年曲集》，其中许多曲目都是与舒曼家庭生活中的情景休戚相关。

法国作曲家德彪西的《儿童园地》是为了他5岁的小女儿而创作的。这部《儿童乐园》共包括6首小曲：《练习曲"博士"》《小象催眠曲》《洋娃娃小夜曲》《雪花飞舞》《小牧童》《木偶的步态舞》。其中，《小象催眠曲》表现了手抱大象玩具的孩子入眠的过程；《洋娃娃小夜曲》展现的是孩子对着洋娃娃天真歌唱；《雪花飞舞》描写了雪花飘飘，孩子们寂寞的心态；《小牧童》描写的是玩具人吹奏只有笔尖那么小的角笛；《木偶的步态舞》则描写的是一个滑稽的黑人小木偶在跳舞的形象。每一个场景都来源于孩子的现实生活。

还有一些我们熟悉的音乐作品，如《我的好妈妈》《小朋友散步》《新年好》《毕业歌》《我爱幼儿园》《打电话》等，都因为贴近儿童生活经验而深受儿童的喜爱。

3. 童话题材

童话是文学体裁中的一种，主要面向儿童，是具有浓厚幻想色彩的虚构故事作品，它通过丰富的想象、幻想、夸张、象征等手段来塑造形象，反映生活。儿童音乐中含有大量的童话寓言题材的作品，这些内容和特点最符合儿童的年龄和心理特点，所以童话在音乐教学中受到儿童的普遍欢迎。

4. 大自然题材

中国古代思想家庄子曾说："天地有大美而不言"。这句话肯定了大自然是美的源泉。大自然蕴藏着无数的音乐教育资源："稻花香里说丰年，听取蛙声一片"的蛙鸣声；"泉水激石，泠泠作响；好鸟相鸣，嘤嘤成韵"。在儿童音乐作品中，高山、流水、走兽、飞鸟、花、草、树木等大自然题材历来受到孩子们的喜爱，圣桑的《动物狂欢节》、普罗柯菲耶夫的《彼得与狼》等，都是世界著名的童话题材的音乐作品。

此外，还有柴可夫斯基《胡桃夹子组曲》的最后一组《花之舞曲》、舒曼的《儿童钢琴曲集》中的《可爱的五月》《春之歌》，巴托克《小宇宙》中的《乡村小调》《田园曲》《乡村集市》，柴可夫斯基《儿童曲集》中的《冬晨》等，也是脍炙人口的描绘大自然的作品。

# 第三节　学前儿童音乐教育的概念

学前儿童音乐教育作为学前教育的一个方面和要素，既要遵照学前教育的总目标，遵循学前教育的一般规律，又要体现出自己的特殊规律——用音乐进行教育和教儿童音乐。一方面，通过学前儿童音乐教育让儿童认识表现音乐的各种符号手段，掌握必要的演唱、演奏技巧，同时学会感受音乐、理解音乐和表现音乐，培养和发展儿童的音乐能力和音乐才能，它是学前儿童音乐教育的首要任务。另一方面，儿童学习音乐的过程，不仅是儿童逐步学会认识音乐、把握音乐、养成对音乐的积极态度的过程，更是儿童在身体、智力、情感、个性、社会性等方面获得全面、和谐发展的过程。通过音乐教育，培养儿童健全的人格，促进儿童全面、和谐、整体的发展是学前儿童音乐教育的根本目的和任务。因此，从这个意义上而言，音乐教育更是实施全面教育发展的手段。

以音乐为手段，在音乐教育的过程中促进儿童的全面发展，不仅需要教给儿童一些基本的音乐知识、技能技巧、感受表现等音乐本身的东西，还必须使儿童在精神与心灵等方面获得更多有益的东西。对于这一点，古今中外的哲学家、思想家、教育家们都有过十分精辟的论述。孔子曾经这样说过："兴于诗，立于礼，成于乐。"他认为，仁人君子修身养性的完成是通过音乐艺术的熏陶来达成的，音乐可以融合、协调人的知识、经验，促进人的和谐、整体的完善和发展。古希腊著名哲学家德谟克利特也认为，艺术、音乐是改变人、造就人的重要手段。他主张对儿童的音乐教育，既要注重天赋，也要强调勤学苦练，在儿童学习技能的同时培养其意志品质、净化其心灵。20世纪日本著名音乐教育家铃木镇一先生更是强调在音乐教育中培养、锻炼儿童的意志品质，即坚韧不拔、克服困难、坚持不懈的努力、追求等，他认为，这些品质的养成，对儿童今后的成长将是受用一生的。

由此可见，将音乐教育视为培养人的整体全面发展的手段和途径之一，早已成为古今一致的共识。因此，对学前儿童的音乐教育，我们既要遵循音乐学习的规律和儿童心理发展的特点，培养其音乐潜能，教授一定的音乐基本知识和技能，也应以全面发展为中心，通过音乐的手段和音乐教育的途径来促进儿童在身体、智力、情感、个性、社会性等各方面的和谐发展。

## 一、学前儿童音乐教育的价值取向

### （一）音乐本位的价值取向

以音乐为本位的价值取向强调音乐本身的价值和本质特征，以教育为手段，对学前儿童进行音乐的早期教育启蒙，以发展儿童的音乐潜能，使他们获得音乐体验与艺术内涵的教育。这种价值观主张既要遵循儿童音乐学习规律及儿童音乐心理发展特点进行音乐潜能的培养和一定的音乐基本知识、技能的教育和熏陶，也要以全面发展为中心。其音乐启蒙的主要价值是使儿童主动获得音乐体验、积极地感知音乐，从而顺应儿童天性的发展。由此可见，以音乐为本位的价值取向着重强调音乐本身的价值和本质特征，重视音乐的本体功能。

### （二）教育本位的价值取向

教育本位的价值取向强调通过音乐教育，包括听、唱、跳、奏等音乐实践活动，来促进儿童身心的健康成长，培养儿童的审美情趣，并引导儿童良好的个性和创造性的发展。

教育本位的价值取向是从"工具价值观"或"外在价值观"的哲学角度，以音乐本身具有的强烈的感染力来影响教育儿童的。强调通过音乐教育不仅可以陶冶情操，还可以促进儿童感知、观察、记忆、想象等方面的发展，以及促进儿童动作协调能力和良好个性的培养等。

## 二、学前儿童音乐教育的理论基础

学前儿童音乐教育的对象主要是 0 到 6 岁学龄前儿童，鉴于这一阶段儿童心理发展的特点，音乐教育的目标、内容、形式等都应符合其身心发展规律。对音乐教育影响较大的两点因素有：第一，音乐教育的内容应符合儿童的"最近发展区"，难度上应循序渐进；第二，音乐教育的设计应符合儿童的思维发展特点，方式上灵活多样，具有针对性。

**（一）心理学基础**

有关儿童心理发展的理论流派主要包括认知学派、行为主义学派、精神分析学派、人本主义学派等，学前儿童音乐教育是建立在符合儿童身心发展规律的基础之上的。儿童心理发展规律对于学前儿童音乐教育的目标、内容和过程的制定和实施都产生着重要影响。

1. 认知学派

皮亚杰的认知发展心理学是认知主义的典型代表。皮亚杰提出了影响儿童心理发展的四个基本要素：成熟，即有机体的生长和发育，尤其是神经系统和内分泌系统的成熟；练习和获得的经验，即个体通过与物体互动过程中获得的练习和经验；社会性经验，即社会环境中人与人的相互作用和社会文化的传递；平衡，即自我调节，通过调节心理发展的以上三种因素，通过平衡作用构成了认知结构的形成。

皮亚杰将儿童认知发展的过程分为感觉运动阶段、前运算阶段、具体运算阶段、形式运算阶段。

第一阶段，感觉运动阶段（0～2岁）。在这个阶段，儿童主要通过感知觉以与周围环境相互作用的方式发展认知的。即儿童通过视、听、触觉主动对环境相作用，来获得"第一手"的经验。儿童在与周围环境互动过程中，主要是通过动作的方式探索和理解简单的事物关系，从而以自己的方式感知世界。很多音乐教育的形式如达尔克罗兹音乐教育和奥尔夫音乐教育，都着重强调儿童通过动作获得对音乐的感知，从而获得对音乐的主动体验。

第二阶段，前运算阶段（2～7岁）。在此阶段，儿童的思维能力有了一定的发展，其中语言的出现是突出的特点。儿童开始逐渐学会运用表象和想象思维认识周围世界，但其水平还是有限的，仍需借助感知觉（尤其是视觉和触觉），其体现最突出的是不能获得守恒。对于此阶段的儿童来说，音乐教育应当充分调动和运用儿童的视、听、触觉。音乐活动设计应避免将多种抽象概念同时讲解，而应让儿童集中于某个特定的音乐元素，让其运用多种感官理解音乐。

第三阶段，具体运算阶段（7～11、12岁）。在这个阶段，儿童的活动是由一种内化了的或心理的动作组成，这些活动可以促进儿童的逆转思维，但思维的转变是与儿童实际看得到的实物联系在一起的。

第四阶段，形式运算阶段（11，12～14，15岁）。在这一阶段，儿童基本达到了成人的水平，思维活动可以超出具体的、感知的事物，可运用演绎、归纳等方式解决抽象的问题。

皮亚杰的认知发展理论作为儿童音乐教育的重要心理学基础，其理论精华所体现为儿童是活动的主体，应尊重儿童的主体性，充分发挥动作在音乐活动中的作用，从而使儿童通过主动与音乐的互动获得认知结构的发展。

2．行为主义学派

行为主义认为，人类的学习是通过建立环境刺激与某种行为反应之间的关联和发展而实现的，代表人物包括斯金纳、华生、桑代克等。相关研究表明，那些在幼年时期接受丰富音乐刺激的儿童与较少接受音乐刺激儿童相比表现出更强的音乐能力。另一方面，良好的音乐环境刺激对于儿童音乐能力的培养具有重大意义，有助于净化人的心灵并陶冶人的情操。

3．精神分析学派

精神分析学派的代表人物包括弗洛伊德、安娜·弗洛伊德、荣格等，以弗洛伊德为例，他强调人的本能和无意识因素在行为中的作用，他重视人格的研究。埃里克森对精神分析学派进行了新的发展，他提出的人格发展渐成说将人的发展分为8个阶段，每个阶段都有需要解决的任务，如果阶段任务不能得到解决，就会影响人体一生的发展。其中，第一阶段（0～2岁）的任务为信任感对不信任感；第二阶段（2～4岁）为自主感对怀疑与害羞；第三阶段（4～7岁）为主动感对内疚感。因此，对学前儿童来说，最主要的是获得自主感和主动感。学前儿童音乐教育的目的之一是让儿童主动地获得音乐体验，获得高尚人格的发展。音乐教育与人格发展联系密切，在一定程度上甚至可以说音乐教育的最终目标是人格教育。

4．人本主义学派

人本主义认为，人拥有自我意识和自我实现的需求，因此强调个体的价值，提倡充分发挥人的潜能。其代表人物包括罗杰斯、马斯洛等。音乐是人追求自我实现的一部分。人本主义强调个体的自我实现，这意味着充分地、活跃地、忘我地集中全力地体验生活。儿童喜欢游戏和音乐活动，其原因在于儿童可以从这类活动中获得快乐，快乐源自于自我实现的满足，获得交往带来的快乐，被同伴和教师接纳的快乐以及在成长中获得的喜悦等等。

**（二）教育学基础**

1. 卢梭的自然主义思想

卢梭被誉为"发现儿童的第一人"。他主张教育要遵循儿童的自然本性，培养身心和谐发展的个体，实行自然教育，他强调"顺应自然"的教育原则以及随着儿童天性的发展而发展的教育观，反对以压制性、灌输性的方式使儿童被动地接受知识。从音乐最初的表现形式来看，它是人类生产发展自然而然产生的，其典型的是"劳动起源说"。因此，顺应儿童自然生长的教育方式理应使儿童在活动、生活经验中接受教育。音乐之所以是学前儿童喜爱的活动，是因为音乐能够带给儿童愉悦的感受，这种本能的、自觉的主体性经验是儿童天性的一部分。我们常见的幼小儿童自发的音乐活动或者随意律动，正体现了音乐是体现人类本能需要的一种活动形式。

2. 加德纳的多元智能理论

加德纳在长期分析人脑和人脑对教育的影响的基础上提出了人的九大智能，即语言智能、逻辑数学智能、空间智能、肢体动作智能、音乐智能、人际智能、内省智能、自然探索智能、存在智能。这九种智能体现了体、智、德、美等方面的全面、完整的学习和发展。学前儿童音乐教育特征的综合性即体现出对人的智能全面发展的尊重，其目标是促进儿童全面的、完整的发展。

3. 蒙台梭利的"生命的法则"

蒙台梭利认为，教育的目的是发现儿童的"生命的法则"，帮助儿童发展其生命。处于不同年龄阶段的儿童对事物有不同的敏感度，因而她又提出了敏感期，如秩序敏感期、语言敏感期、行走敏感期等。她认为，教育的基本原则是使儿童获得自由，使他们的自然天性得到释放，但自由是以很强的秩序来约束的，因而培养儿童的秩序感尤为重要。教育的基本内容可以分为肌肉练习、日常生活训练、感知训练、强调有准备的环境等。学前儿童音乐教育以儿童喜爱的形式开展教育活动，并通过音乐促使儿童实现全面发展和养成良好人格。大量的科学研究已经证明，早期儿童处于多种能力发展的敏感期，拥有丰富音乐环境刺激的儿童与缺乏音乐经验的儿童相比，对音乐有更好的感知能力。音乐对右脑的发展可以促使个体大脑协调发展，从而获得更大的成功。此外，音乐教育本身就是丰富儿童感知能力的一种重要形式，在幼儿园实践中通常可以看到教师通过运用音乐刺激幼儿的感知觉，并且与相应的秩序感建立联系，例如，用音乐提示孩子们喝水、坐好、保持安静等。

4. 杜威的进步主义思想

杜威的主要观点包括"教育即生长""教育即生活""教育即经验的改造"。他认为"经验"是人与环境相互作用的结果，是人的主动尝试与环境的反作用形成的一种特殊的结合。杜威认为，"存在即被经验"，没有人的兴趣和愿望构成的主观经验就谈不上客观世界的存在。他的教育原则是"儿童中心论"和"做中学"。学前儿童音乐教育是为让儿童获得音乐的体验和经验而非音乐知识的学习和技能训练；是为让儿童对音乐产生兴趣，从而获得幼儿主体性的发展；是为让儿童主体在操作和行动中获得对音乐的全面感知。

5. 维果斯基的"最近发展区"

维果斯基认为，儿童发展不是仅仅由成熟决定。他认为，至少可以确定儿童具有两个发展的水平：第一个是现有的发展水平，表现为儿童能够独立地、自如地完成教师提出的智力任务。第二个是潜在的发展水平，即儿童还不能独立完成的任务，而必须在教师的帮助下，在任何活动中，通过模仿和自己努力才能完成的智力任务。这两个水平的差距被称为"最近发展区"。他强调，只有走在发展前面的教育才是好的教学，因为它能使儿童潜在的水平不断提高。音乐教育能够促进儿童学习品质的发展，如儿童的兴趣、主动性、好奇心、想象力等可以在音乐活动过程中得到培养。而发展的前提是，儿童音乐教育的内容是适宜的，是儿童付出努力可以达到的难度。即潜在水平和现有水平之间产生矛盾，这种矛盾又可引起儿童心理机能间的矛盾，从而推动了儿童的发展。因此，学前儿童音乐教育的内容既是幼儿所熟悉和常见的主题，又在音乐表现和音乐技巧方面有所要求。

学前儿童音乐教育的教育学基础为音乐教育的展开提供了深厚的理论基础，音乐教育的目标、内容、实施和评价都受不同教育思想的影响，因此可能会体现出不同的音乐教育风格。

# 第二章　学前音乐教育的对象与特性

## 第一节　学前儿童的音乐心理特征

### 一、三大系统与三个阶段

#### （一）三大系统

加登纳曾经说过，要想理解儿童的艺术发展，就需要理解生命过程中的三大系统：制作系统、知觉系统和感受系统。制作系统的产物是行动，行动是指向目的的，而不只是单纯的身体运动；知觉系统的产物是识别，从音乐学习的角度方面来观察，这种识别是对各种音乐形式样式的辨别和确认；感受系统的产物是情感。从音乐学习的角度来看，这种情感可以包括任何有关儿童的情绪和情感反应，如从微小到夸张的快乐、从舒展到紧张的状态等，但无论是怎样的情绪和情感反应，都是有助于参与的。针对儿童的音乐学习，对于感受系统需要从两个角度来理解：一是儿童直接体验到了音乐作品本身所具有的情感表现性。在体验音乐作品的过程中，儿童的感受系统功能得到了最好的发挥，儿童的音乐学习肯定是愉快的。二是儿童被教师等成人教育者所提供的道具和游戏方法所吸引，学习的兴趣被激发。在心情很愉悦的前提下，不知不觉地进入音乐学习的状态，这时儿童的感受系统功能也在积极地发挥着作用。如果教师等成人教育者在给儿童提供愉悦的学习环境的同时，能够充分发挥儿童的知觉系统和制作系统的功能，那么这样的音乐学习状态与结果将最符合我们预期的目标。

#### （二）三个阶段

加登纳经过在几种艺术领域中的长期研究，最后把儿童从出生到青年期（20岁）的审美知觉发展分为五个阶段。由于我们的研究只涉及早期儿童，所以这里只介绍加登纳在 20 世纪 70 年代初的研究成果，当时加登纳将儿童的艺术感知发展分成三个不同的阶段，根据年龄划分：

第一阶段为 1 岁以前，这一阶段又被称为前符号阶段。这时候的儿童，他们的艺术知觉特征主要是感官原动性，也就是说，这一时期的儿童，他们的知觉能力和艺术知觉能力还属于一个整体，二者的分化还不是很明显，艺术品呈现的存在只是一般刺激物的地位，其作用也仅仅是能促进儿童一般知觉能力的发展，这一时期的艺术品，还不能被儿童看作审美的对象。在这一阶段中，儿童对艺术品所有的好恶都是根据本能来判断的。

第二阶段为 2 岁到 7 岁之间，我们还可以将这一阶段分成三个不同的小的阶段，第一个小阶段主要是符号系统，这种系统是沉浸在符号媒介中产生的，它在音乐学习中的表现主要是：对非句法样式音乐的学习，对基本节奏的学习以及对音调的学习，这里所说的音调指的是与经验情景有一定联系的音调旋律。第二个小阶段指的是，将符号在探索的过程中进行扩大处理。在音乐学习中的表现主要是：歌唱能够灵活地进行，能够试验性地进行演奏，在学习和欣赏的过程中能够对音乐的主题有所把握。第三个小阶段主要是审美形式感的出现、发展和形成。在音乐学习中的表现主要是：对音乐形式方面的某些特征特质能够熟练掌握。处于第三个小阶段的儿童，他们的艺术知觉的特征已经发生变化，不再只是简单地以"直接知识"为工具来看待和理解周围的人和事，而是能够以符号为工具，间接地来理解周围的人和事。从音乐学习这方面来分析，处于第三个小阶段的儿童，他们的兴趣主要在于音乐作品的主题，也就是歌曲的内容，而歌曲作品的风格特点等要素，他们比较容易忽略。

第三阶段指的是 8 岁以后的年龄。这一时期是非常关键的，儿童有可能继续进步，同时也有可能止步不前。8 岁以后的时间是儿童开始艺术发展的时间，与 8 岁以前是截然不同的存在。如果儿童在 8 岁以前对于音乐的经验就非常熟练的话，那么他们在 8 岁以后的发展就是非常顺利的，而且收获很大，同时他们在音乐上也会变得越来越有自信，在音乐方面的学习，其深度和广度也是前所未有的。获得并掌握基本的音乐经验之后，这些儿童的具体表现一般为：在对音乐的形式特点等有了一定的了解并能够确认的时候，能够在此基础上进行自身的音乐制作，其过程也是非常自如的，不显磕绊，同时在过程中还能够自由地抒发自身对于音乐的情绪和情感。有人认为，8岁以前，是积累音乐经验的时间，就像盖房子，首先需要把盖房子的材料都准备齐全，同时房子简单的框架也已经盖好。8岁以后是深化音乐经验的时间，也就是说，8岁以后可以开始对盖好的房子进行检查和装修。

令人遗憾的情况是，8岁以后的儿童由于在人格发展上出现自我意识快速增强、自我批判意识已经形成等特征，因此许多儿童的艺术表现从这一年龄阶段开始大踏步地退化，退化的表现主要是知觉能力、感受能力的丧失，制作与创作兴趣的丧失等，从而远离艺术。艺术感退化的儿童用制作陶瓷品的比喻来解释就是没有在8岁以前制作成陶瓷品的泥坯，在音乐经验上没有达到量的积累，8岁以前对音乐的知觉、感受、制作过程没有成为音乐经验的获得过程。

## 二、学前儿童音乐心理的发展特征

### （一）舒特—戴森归纳的年龄特征

0～1岁：能够对听到的声音做出本能的反应。

1～2岁：能够自发、本能地唱出自己和歌曲不同的"创作"。

2～3岁：能够对听到的音乐进行模仿，然后片段地唱出来。

3～4岁：能够对听到的旋律轮廓有所感知。这一时期学习某种乐器是最能够事半功倍的，可以培养儿童绝对的音高感。

4～5岁：对音高、音区等音乐元素能够非常轻松地辨别出来，同时对简单的节奏也能够进行辨别和模仿。

5～6岁：能够对不同效果的声音进行分辨，能够从不是特别复杂的旋律以及节奏型中听辨出相同的部分。

6～7岁：歌唱的时候，音高已经有一定的准确度，认识到调性的重要性，能够明白有调性的音乐比没有调性的音乐要好听很多。

舒特—戴森的归纳是以欧美儿童音乐发展的情况为背景的，只突出了儿童音乐发展过程中最主要的一些特征，概括性比较强，但是对整体把握儿童音乐发展的脉络，对观察与描述我国儿童音乐发展的历程还是有一定的参考价值与启发的。

### （二）知觉与制作的发展特征

1. 音乐旋律知觉与歌唱

在歌唱的音高方面，儿童在 12 到 18 个月的时候，对音高还没有概念，唱出来的音高也是模糊不清、非常不成调的；19 个月以后，儿童在歌唱的过程中，其音高开始逐渐明朗，二度以及小三度音程开始逐渐变得清晰；年龄在 17 个月到 23 个月之间的儿童，能够唱得准的音里面，绝大多数还是二度音程，但是，随着年龄的增长，其音程的跨度也在逐渐增加；当儿童的年龄在两岁半左右的时候，他们的歌唱已经开始出现比较清晰的四度和五度音程，但是大二度和小三度仍然是歌唱中最为清晰的音程。

在音高辨别（旋律知觉能力）方面，3 到 4 岁的儿童在对跨度比较大的如八度以及八度以上的音程已经能够很好地进行辨别；4 到 5 岁的儿童在对跨度相对较小的如五度以及五度以上的音程，已经能够很好地进行辨别，此外，对于熟悉的歌曲，他们还能够只根据前奏就判断出歌曲的名字；5 到 6 岁的儿童，对于三度音程的听辨已经能够轻松掌握，而对于熟悉的歌曲，他们甚至可以根据歌曲的前奏和间奏说出歌曲的名字；7 到 8 岁的儿童已经能够在实验的过程中将全音、半音以及四分之一音之间的音高差别完全区分出来，分辨音高的能力在 7 到 8 岁之间已经开始发展成熟。

在对旋律轮廓线的歌唱上，年龄处于 3 岁半左右的儿童已经能够将旋律轮廓线唱得比较规则。在对旋律轮廓线的辨别上，年龄处于 5 岁左右的儿童已经能够非常清晰地辨认出旋律轮廓线的上下行，以及旋律线的跳进进行，但是仅仅能够辨认出大致的轮廓，还不能够辨认出准确的音程度数。因此，他们在歌唱的时候音程的度数唱得不是很稳定。

2. 节奏知觉与身体动作

在人体对节奏的感知以及动作的制作方面，年龄在 18 个月左右的儿童，开始有意识地让自己的身体动作与所听到的歌曲在节拍上互相协调，儿童在 4 岁到 5 岁的时候，已经能够非常熟练地跟着歌曲打出简单的节奏型，大概两个到三个音。6 岁的时候，儿童已经能够非常熟练地打出相对比较复杂的节奏型，大概三个到四个音。

在人体对歌曲中节奏的感知以及反应能力方面，3 岁的幼儿的音乐活动最初是教师自己的歌唱表演,幼儿聆听或是伴随教师的歌唱做些有意思的固定位置的身体动作。身体动作包括根据歌词做固定位置的身体打击,也可以做一些走路的移动动作,随着节拍的进行走圆形队列。4 岁的幼儿可以扩展到包括更复杂活动的圆圈队列的活动,如弯腰、转向,改变队列方向和同样一起行走等,也可以走出像螺旋形那样更复杂的队列。5 岁的幼儿能够表演有情节的、多角色扮演的游戏,做占据更大空间、更复杂的动作,可以走出两个圆圈的圆形队列、星状队列。

在幼儿的节奏感的发展状态(对节奏进行知觉与制作的能力)方面,3 到 4 岁的幼儿能够运用大量的身体动作表演与打击乐演奏表演获得稳定的节拍感;4 到 5 岁的幼儿可以通过快与慢的配合理解节拍,通过歌谣朗诵理解节奏型;5 到 6 岁的幼儿已经能够理解歌曲的节奏型,能够独立完成快慢节拍的变换,理解节奏的主题和动机。

3. 音色、力度、速度知觉与制作

(1)音色知觉

对音色的注意力早在婴儿时期就已经出现,但是婴幼儿对音色的知觉兴趣主要集中在日常生活中的音色上,音乐音响中的音色是有本质差别的,他们对熟悉的动物叫声表现出浓厚的兴趣,玩耍的物体所发出的声音也让他们好奇心大发。对于音乐音响中的音色来说,无论让幼儿分辨的是器乐音色还是声乐音色,幼儿感兴趣的还是那些反差大、能生动刻画事物的音色。

在音色知觉方面,3 到 4 岁的幼儿能够辨别 2 到 3 种有鲜明对比度的人声或乐器声;4 到 5 岁的幼儿能够更好地辨别不同的人声与乐器声;5 到 6 岁的幼儿能够很好地识别不同的声音和人声。

(2)力度知觉与制作能力

儿童的年龄在 3 到 4 岁的时候,已经能够比较熟练地区分出声音的强弱,还能够准确地根据发声的音量、语气等因素分辨出声音的区别,例如说、喊、唱以及说悄悄话等,辨别出之后,他们还能够用自己的嗓音进行模仿和表达;儿童在 4 到 5 岁的时候,能够区分出声音中的强弱,例如讲话、唱歌、打击乐等,同时还能够用自己的肢体语言以及歌唱等方式来表达出对这种强弱的感知;儿童在 5 到 6 岁的时候,他们已经能够熟练辨别理解音乐中的强弱关系以及在发展过程中的变化。

（3）速度知觉与制作能力

儿童在 3 到 4 岁的时候，对于那种中速的，偏慢的或者偏快的音乐，能够用比较简单的肢体语言来配合；在 4 到 5 岁的时候，对于渐慢和渐快的音乐已经能够非常熟练地辨别出来，还能根据具体的音乐和现实情况来做出相应的肢体动作；在 5 到 6 岁的时候，能够听出音乐中的速度快慢的对比以及在这过程中的变化情况。在对歌曲速度的理解上，严格的匀速进行可能是幼儿最难以辨别和操作的。在歌唱的过程中，幼儿很容易越来越快或者越来越慢。

**（三）音乐感受的特点**

学前儿童的音乐感受与成人之间有着很大的差异。这种区别在哪里？如果我们能够探明学前儿童对音乐中的兴趣点，那么我们的音乐教育就更容易投其所好、有的放矢了。以下对学前儿童音乐感受特点的描述主要基于苏菲·别莱叶夫·艾克塞姆普拉斯基的研究结论。

第一，音量是幼儿对音乐感兴趣的第一个重要因素。这里所指的音量不是单纯地指音的强弱和声音大小，而是指丰富、完美、实体、令人异常愉悦、悦耳动听的声音。总之，对幼儿来说，动听的声音是最吸引他们注意的。钢琴对幼儿产生吸引力，首先不是因为钢琴演奏出来的音乐作品而是由于钢琴能发出好听的声音，这些声音本身吸引着幼儿。这一研究结果给我们的学前儿童音乐教育带来的启示有以下几个方面：一是在让幼儿感知器乐作品时，教师有责任让幼儿听到最好的音响效果，那种劣质的音响源与音响设备阻碍了幼儿对音乐产生兴趣。二是在让幼儿感知器乐作品的过程中，教师应尽量少用噪音，幼儿感兴趣的是丰满的音响效果不是教师唱出来的几句旋律。三是在歌唱学习中，教师发出悦耳的声音是非常重要的。如果教师歌唱的声音本身对幼儿缺少吸引力，那么歌唱学习使幼儿充满兴趣的愿望就比较不切实际。四是对打击乐器的演奏，幼儿感兴趣的是让他自己去探究如何发出好听的声音并演奏，而不是严格地按照教师所要求的拿乐器的方式、教师所要求的节奏型去打击。

第二，运动是幼儿对音乐感兴趣的第二个重要因素。换句话说，幼儿感兴趣的是让他用身体动作来感知、感受音乐。儿童音乐感是由身体肌肉的感觉引导的，这一观点在音乐教育界已经达成共识。对于幼儿来说，通过静坐倾听来感知音乐是不可能的，音乐感知、理解、解释的过程就是幼儿身体运动的过程。幼儿对节奏感兴趣是因为他可以随着节奏做出动作，也正是通过这些肌肉动作，幼儿能够感知到节奏的存在。幼儿对旋律感兴趣是因为这种旋律能够被他唱出，也正是通过歌唱使儿童对旋律有了自己的感知。

第三，音乐作品类型是幼儿对音乐感兴趣的第三个重要因素。幼儿感兴趣的音乐作品通常涉及一些与他们生活相关事物。例如，关于小动物、小河、小湖、小星星、树林等有关的音乐，以及关于小熊一家、小朋友不听话、来了小客人的故事的音乐都让幼儿感兴趣。总之，音乐必须具有与幼儿生活相关的内容，这些内容能够引起幼儿的关注。从音乐本体特性的角度来说，再现性的音乐是幼儿最喜欢的。因此，歌曲比器乐曲更能直接吸引幼儿，因为歌曲的歌词都是关于某些事情的，在所有歌曲中，具有故事情节的歌曲又是幼儿兴趣最高的，边歌唱边表演故事、扮演角色是幼儿最大的享受。对于器乐曲来说，儿童感兴趣的首推有标题的音乐，因为音乐的标题往往把音乐内容的主题标示出来，幼儿可以根据标题展开联想、构建音乐有可能表达的故事。

## 三、学前儿童音乐学习的意义

在许多音乐观察研究中，已经指出音乐学习的关键年龄为 0 岁到 8 岁或 9 岁。而 10 岁以后再进行音乐学习已经太晚。坚持这种观点的有：

音乐心理学家爱德华·戈登认为，音乐才能的发展似乎是在 9 岁时达到平衡，在 9 岁以后，例如在最基本的节奏技能和维持一个稳定的节拍方面，可能不会有实质性的改变和提高。因此，早期的音乐体验对儿童音乐能力的发展至关重要。

日本教育家十村久一曾经提出，儿童潜能的发挥遵循着一条递减的规律。假设天生潜能是 100 分，那么一个从出生起就接受最优化的早期教育的儿童，他就有可能成为具有 100 分能力的人；一个到 10 岁才接受良好教育的儿童，他的潜能就只剩下 60 分了。

柯达伊曾经指出，儿童的音乐学习最好在 6 岁之前开始，最迟不能迟于 9 岁。美国柯达伊音乐教育协会的前会长约翰·费尔阿本德极力认同柯达伊的观点，并把其所有精力投放在 9 岁以前儿童的音乐教育上。

神经生物学的解释似乎也为音乐学习具有关键期的说法提供了一定的理论基础。从大脑神经系统发展的视角出发有两种音乐学习关键期的解释。其中的一种解释是：在人的神经系统中，有髓鞘的神经元轴突的信号传递速度比没有髓鞘的神经元轴突的信号传递速度大约快 100 倍。儿童刚出生时，其大脑中只有极少的髓鞘化轴突，因此他们记不住东西，也不能进行空间定位。从神经生物学的角度来看，神经元轴突的髓鞘化过程对儿童早期的发展非常重要，它为学习的关键期奠定了基础。举例来说，大脑中的语言发音区域完成髓鞘化后，就是儿童开始发展语言能力最好的时间段。心理学家认为，音乐能力，特别是音乐的固定音高能力开发的最佳时间在 3 岁左右，而音乐动作技能开始学习的最佳时间在 5 岁左右，这个结论已经得到广泛认可。另一种解释是：在生命的早期，许多神经元的具体功能和控制范围尚未确定，直到 10 岁以前，所有关于运动的经历和经验决定了皮层上究竟有多少神经元控制身体的各个具体部位。例如，经常用手就会有更多的神经控制手和手指，而其他部位就相应减少。因此，对于音乐动作技能的学习来说，10 岁以后的学习效果可能会减弱。

音乐教育界对关键期的强调、神经生物学对关键期的解释与音乐领域人才成长的事实是吻合的。众所周知，世界音乐舞台上最负盛名的演奏家如雅沙·海菲兹和耶胡迪·梅纽因，以及最有杰出的作曲家莫扎特和贝多芬，无一例外都是由于音乐禀赋与早期家庭音乐教育的合力，让他们有了得天独厚的童子功，并为他们今后音乐事业的辉煌奠定了坚实的基础。

音乐学习的关键期观念强调了学前儿童音乐教育的重要性。一个国家如果忽视了学前儿童音乐教育的重要地位，一个学前教育机构如果忽略了学前儿童音乐教育的价值，一个家庭如果忽略了学前儿童音乐学习的需求，都是令人深感遗憾的现象。

# 第二节　音乐学前教育作品的特性

## 一、本体特性

### （一）形式特性

音乐思维的基本单位是乐句（短句），而不是孤立的音符。不以乐句为单位的音乐作品，本质上是有问题的，一般人是无法倾听下去的。这与语言学习中首先学习单个词汇，然后组成词组，最终形成成句是完全不一样的。音乐作品的形式特性是指音乐作品中由句法与非句法因素组成的作曲或即兴的音乐设计。句法元素包括旋律、和声与节奏；非句法元素包括音色、织体、速度、曲式结构与力度。儿童在9岁以前一般对和声表现不出兴趣，不予关注，所以对幼儿园音乐教育活动来说，句法元素主要是旋律和节奏。然而，这并不意味着教师给幼儿的歌唱伴奏时可以忽视和声效果，幼儿对和声的和谐度可以不关注，但是使音乐变得更加动听是教师的职责，好听、欢欣、丰满的音响效果始终是幼儿的最爱。比如说，一段音乐演奏的乐器是萨克斯，那么这段音乐的音色就是由萨克斯音色组成的模型。一小段音乐是渐慢，另一小段音乐是匀速，再一小段音乐是渐快，所以这个曲子由速度的渐慢模型、匀速模型、渐快模型组成。

1. 节奏

节奏主要包括两个不同的方面，即拍子与节奏型，它们总是形影相随、不能分离。为了叙述方便，我们暂时将他们分别进行阐述。

（1）拍子

幼儿的拍感一般包括以下两个不同的方面：合拍，二拍、三拍的强弱韵律感。合拍是幼儿与音乐交互的第一块基石，并贯穿所有音乐活动的始终。二拍、三拍的强弱韵律感是指对拍子的强弱规律的意识程度，一切音乐都可以归入二拍、三拍的基础性韵律中。比如说，四拍可以理解为两个二拍的韵律，12/8拍子可以理解为一个四拍的韵律，5/4拍子可以理解为一个三拍与一个二拍的韵律，6/8拍子可以理解为两个三拍的韵律。

二拍与三拍的歌曲分别具有不同的身体摇摆要求，如何根据歌曲的不同拍子创造出不同的身体摇摆，是需要教师时刻关注的问题。

（2）节奏型

在上文中我们已经说过，音乐思维是从句型开始的，可能是旋律型或节奏型。教授儿童计算四分音符、八分音符、二分音符以及进行这些音符的时值比较，虽然涉及数学概念，但与音乐教育的关系并不大，尤其是在幼儿音乐学习中，这种内容几乎没有关联。因此，在幼儿园的音乐教育中，我们更侧重让幼儿关注音符的节奏模型，例如，单一音符的节奏型、先密后疏的节奏型、紧凑与舒展的节奏型，以及休止符等。

第一，音符单一的节奏型。这种节奏型一般情况下只由 1 至 2 种音符组成，例如主要由四分音符、八分音符或二分音符组成的节奏型。这些节奏型是幼儿最容易理解的。感知这节奏型往往从中速的行走、慢速的行走或快速的跑步开始。当幼儿能够自如地与这些节奏型合拍时，他们还可能在行走的同时做一些手部动作。幼儿园采用的一些传统的基本舞步在让幼儿感知和表现这些节奏型方面能起到很大的作用。在进行与舞蹈或幼儿动作表演相关的教学的过程中，教师对舞曲所具有的节奏型特征的掌握，是进行舞蹈动作编排的基础。尽可能让舞蹈步子与节奏型特点相吻合是我们追求的目标。

第二，先密后疏的节奏型。从作曲角度来看，节奏的先密后疏是写作赞美性的、表达深情之爱的歌曲的常规手法。这类歌曲中最典型的是腾格尔创作的《天堂》，腾格尔运用这种作曲手法把对家乡之爱表达得淋漓尽致，使歌曲具有很强的感染力。类似地，《青藏高原》《天路》《春天的故事》《走进新时代》《为了谁》等无数颂扬性质的歌曲都运用了这种手法。

第三，紧凑与舒展的节奏型。首先，让幼儿接触先密后疏的节奏型，这样做的原因是它很容易通过动作来表现，然后，在此基础上，幼儿可以更好地理解节奏紧凑和舒展这两种节奏型特征，一旦理解了这两种节奏型就更容易理解抒情类和活泼类的曲子了。

第四，休止符。休止符不是音乐的停顿，而是节奏流动中的一个因素，这个因素能增添音乐的美感和深层含义。对于休止符，首要的是感知它们的存在，而感知它们，最好从肌肉感觉入手。

2. 音色

音色不仅仅是音乐元素，也是生活元素。幼儿在生活中每天与数不清的声音相遇，而这些声音都具有不同的特点，因此与其他音乐元素相比，音色是与幼儿生活经验相关的一种元素。在幼儿园音乐教学范畴内，我们会让幼儿沉浸在大量与音色探究相关的活动中，一般情况下，幼儿园的音色探究活动会涉及以下方面的内容：嗓音和人声、打击乐器的音色、生活中的音色、自然界中的音色、机器的音色以及乐器的音色等。

3. 力度

强与弱是音乐表现的重要手法。由于强弱感受在日常生活中经常能够体验到，它是一种具有一定积累的生活经验，因此幼儿比较容易理解。然而，对于力度的掌握，幼儿遇到的主要困难是歌唱时的强弱处理。这是因为歌唱的强弱是由头腔控制的，当幼儿在歌唱的过程中没有充分利用其天生的头腔共鸣时，歌唱时强就容易形成喊叫，弱就容易形成无声的倾向。因此，在理解力度的同时，也要注意对嗓音的控制。

4. 旋律

我们强调乐曲的最小单位是乐句，其中旋律句的性质是幼儿着重需要理解的。这里所说的旋律句的性质就是旋律的轮廓形态或轮廓线，包括旋律的上行与下行，旋律的级进与跳进。但是，对旋律线的理解是以理解音的高低为基础的。对绝大多数 3 岁左右的幼儿来说，他们不理解音的高低，一些研究曾经指出，幼儿对音高的理解可能受到音量的影响。从我们对幼儿旋律学习的观察来看，确实存在音高时幼儿不由自主地唱强、音低时幼儿不由自主地唱弱的倾向。事实上，一旦理解了音高的概念，人们在歌唱的音准上就比较容易把握了。在音准与节奏的掌握上，从本质上说节奏要比旋律难得多。例如，只要你用心观察一下大众唱卡拉 OK 的活动情况，就会发现在唱卡拉 OK 的人群中，唱歌音准的人是比较多的，而真正能严格合拍、掌握弱起切分的人很少。因此，在各种与音高探究相关的音乐活动中，帮助幼儿感受音的高低、分辨音的高低就显得格外重要。在幼儿园教学范围内，旋律方面的教学内容主要有：分辨音的高低、旋律的上行与下行、旋律的级进与跳进。

5. 结构

每一首曲子都是经过精心设计的，设计的结果便是结构。设计音乐结构时最基本的要素是平衡、整齐和变化，而达到平衡和整齐的基本手段就是重复。因为有重复才使得变化更有意味，在音乐结构中重复永远是主要的，而变化又是在重复的基础上进行，但在一首曲子中变化太多且没有依据则会使音乐变得难懂和失去意义。

在幼儿园音乐教学范围内，有关结构的内容就在句子的重复与变化以及段落的重复与变化之间展开。

模仿句是最简单的重复句。在歌曲中，无论旋律还是歌词，后面的句子总是在前面一句的基础上进行变化。在小班初学歌唱时，模仿句结构的歌曲容易让幼儿模仿教师的领唱和合拍韵律，这样会降低幼儿的歌唱难度，容易让幼儿喜欢歌唱。喊答句结构的歌曲主要让幼儿理解句子的变化以及变化中的呼应。在民间歌曲中，有许多是喊答句结构的，例如对歌、劳动歌、号子歌等，这种生活趣味很浓的歌曲如果改编得很有儿童趣味，幼儿会非常喜欢的。

关于段落结构，我们主要让幼儿理解主副歌结构、二段体结构、三段体结构、回旋体结构、引子和尾声。主副歌结构的歌曲指的是由音乐品质不同的两段音乐构成的歌曲，这种歌曲因为有歌词的再现性内容提示很容易让幼儿表演。幼儿在表演过程中，通过肌肉感很容易体会到两段歌曲之间的不同品质，因此也就很容易体会到段落的变化。一般情况下，对器乐曲的二段体、三段体、回旋体的理解主要是通过主副结构歌曲的铺垫来进行的。只要能理解歌曲中两个段落音乐之间的变化（理解的标准不是通过语言检验而是通过动作表演检验，只要幼儿能够用不同的动作来分别表达两段音乐，那么就说明幼儿已经理解了），就一定能理解器乐曲中两个段落之间的变化。三段体与回旋体只是两段体的扩展，并没有太大的难度。

### 6. 速度

速度与力度是相同的，也是音乐表现的重要手法。关于速度也存在知觉与表达两个层面。从知觉的层面来说，由于速度经验与日常生活经验相关，所以幼儿知觉速度的快与慢、匀速与不匀速还是相对比较容易的。从表达的层面来说，一方面速度的表达与节奏之间具有非常密切的关系，对幼儿来说，掌握节奏的细微之处是有困难的；另一方面匀速是幼儿歌唱的难点，在幼儿歌唱时，句与句之间既容易拖拍，也容易越唱越慢。所以，在对速度的知觉的同时，也要注意对速度的表达。在表达方面，节奏的细微变化与歌唱、演奏的匀速对幼儿来说较难。

### 7. 织体

织体在音乐中、在与音乐相关的动作表演中无处不在，但是受年龄的制约，幼儿不经过引导不太会关注音乐中的这部分内容。在幼儿园教学的过程中，我们需要以欣赏民族舞、踢踏舞等为突破口，让幼儿感知音乐的层次。舞蹈的层次是幼儿比较容易理解的，比如手上拿鼓、脚上戴铃的舞蹈，除了能看到舞者的舞蹈动作外，还能听到时不时发出的鼓声与铃声，这种层次感很容易使幼儿捕捉到。以这种听觉与视觉结合的层次感为前提，我们才可能让幼儿进入对音乐的层次即织体的知觉、感受与制作中。在幼儿园教学范围内，织体的内容非常广泛，主要包括有伴奏音乐与无伴奏音乐的分辨、织体的厚与薄的分辨、用打击乐合作表达织体。

8. 风格

音乐风格往往存在于具有共同听觉特征的一个音乐群体中。这个群体中的音乐人和听众拥有某些相同的音乐信仰、共识和偏好。例如，对于西方音乐中的古典音乐与浪漫音乐，西方音乐爱好者或受西方音乐熏陶的非西方音乐爱好者很容易分辨它们在音乐句法与非句法特性上的区别，也就是音乐风格上的区别。其中最明显的区别就是浪漫音乐对音色、力度、速度等非句法音乐元素的使用在分量上大大超过古典音乐对这些非句法音乐元素的使用，这使得浪漫音乐被更多的非音乐专业的人所接纳。音乐风格的概念是涵盖音乐句法与非句法的所有特性，而不是句法与非句法特性中的一种元素，因此，严格来说，风格不能被归类为音乐形式元素中的一部分。

**（二）再现特性**

1. 音乐作品再现性概述

音乐作品再现性是指音乐作品中的句法与非句法形式主要用来描绘或刻画人物、动物、地点、事件等客观现实的性质。音乐对客观现实的刻画有其自身的特点，这种特点可能与较少接触音乐的人的想法是完全相反的。例如，在听再现意味很浓的维瓦尔第《四季》组曲中的《夏季》时，你可能一直期望着能听到用语言所描绘的那种"夏季"，结果却使你很失望。因为在这个作品中既不能让你"看"到也不能让你"读"到夏天的样子，更不能告诉你一个特别的夏季是什么样的，它只是传达了用音乐"语言"所刻画的夏季。因此，音乐作品中的再现性或再现内容是需要认真挖掘的，大多数再现性音乐作品的再现内容是很含蓄的，只是匆匆听一遍或两遍，在头脑中不会留下太多的东西。在一个短小的再现性音乐作品中可能比较容易找到一个可辨认的主题，我们也总是在寻找各种线索如题目、歌词等以使主题得到确认。比如，钢琴套曲《图画展览会》中的《未出壳雏鸡的舞蹈》这首曲子，它的题目就可以直接成为我们理解音乐内容的主题，这个主题使我们在倾听音乐的过程中自觉地把音乐与未出壳的小鸡的形象对应起来。

再现性音乐作品有着一个宽泛的范围,如维拉洛波斯的《乡间小火车》可能是再现性音乐作品连续统一体的一端,我们可以听到一列"音乐火车"从慢速启动、匀速行驶到加速下山坡然后逐渐停下的"情境"。这个作品的题目帮助我们确认了主题,但是具有如此明确说明性质的音乐作品是非常少见的。当我们朝再现性音乐作品连续统一体的另一端行进的时候,我们发现大多数再现性音乐作品并没有能够被清晰辨认的主题。因此,在幼儿园音乐教学范围内,我们要尽可能寻找有比较清晰的能够被辨认的主题的再现性作品,因为音乐的再现性越具体,就越符合幼儿的音乐趣味。

2. 学前儿童再现性音乐作品的类型

因为所有的歌词总是在描述、叙说着什么,总是内含着一个主题,因此我们可以将所有的歌曲都定义为再现性音乐作品。符合幼儿趣味的歌曲往往有以下几个特点:一是歌词本身生动、具有儿童语言的特点,幼儿容易朗诵;二是歌词所描述的主题突出、故事性强,幼儿容易进行动作表演;三是旋律音调与歌词吻合,幼儿容易歌唱。由于再现性的歌曲比较容易被理解,所以有关音乐作品再现性的讨论我们将着重于器乐曲。幼儿园再现性器乐类的音乐作品大概可以分为以下几个不同的类型。

第一种,句式规整、童趣盎然的再现性器乐曲。这类曲子本身具有鲜明的童趣,所再现的音乐内容的主题也比较容易辨认。音乐在刻画人物、动物或事件时,一般用三段、多段、回旋等曲式,在句式上非常强调重复、对比等组织手法。在幼儿园的器乐曲中,这类曲子的数量比较多,管弦乐组曲《动物狂欢节》、钢琴套曲《图画展览会》与交响童话《彼得与狼》都属于这一类。这些经典的儿童乐曲是我们重要的音乐资源,每一首曲子都值得我们去深度挖掘。

第二种,句式规整的再现性成人器乐曲。这种乐曲原本是为成人创作的,但儿童音乐工作者从这些作品中挖掘出儿童趣味,从而使其成为儿童音乐作品。这类作品与第一类作品在音乐性质上是相同的,也就是说,在刻画对象时,一般用三段、多段、回旋等曲式,在句式上非常强调重复、对比等组织手法。区别在于这类作品比较成人化,乍一听并不具有浓郁的儿童趣味,在音乐主题的辨认上也没有第一类那么明确。

第三种,句式不规整的再现性器乐曲。这类曲子由于其句式不规整,幼儿很难以拍子为背景按部就班地进行动作表演。但这类曲子往往形象非常鲜明，主题也很容易辨认，因此也很受幼儿喜欢，如《动物狂欢节》中的《大鸟笼》与《野蜂飞舞》属于这类乐曲。

3. 学前儿童音乐作品再现特性的挖掘

音乐"语言"是抽象的，即便是音乐作品中最"具体"的充满说明、描述的再现性音乐作品，其再现的内容也不是直接就能听到的。再现内容需要我们通过多次倾听、理性分析才能捕捉到，这就是我们所说的音乐作品的再现特性是需要挖掘的原因。对幼儿园音乐教师来说，挖掘音乐作品的再现内容一般可以采取以下两个步骤：第一步，曲式分析，旨在捕捉再现内容的音乐主题；第二步，动作表现，主要是为了诠释再现内容。

4. 幼儿园音乐作品再现特性的形式规限

对音乐作品再现性的挖掘过程事实上就是处理音乐的再现性与形式性关系的过程，而这种关系就是张力。张力由一对对品质相异的范畴构成，如自由与规则、民主与集中、形式与再现等，教学目标只有是成对的，才会有张力。张力结构中的一对范畴的地位不是绝对式的平衡，而往往一个是我们追求的价值范畴，另一个是制约范畴或规限范畴。在张力结构中价值范畴是优先的，然而如果忽视了规限范畴，那么价值范畴的优先性也就不存在了。优先性与规限性同时实现，这就可以体现出张力的重要性。

**（三）表现特性**

1. 音乐作品表现性概述

音乐作品的表现性是指音乐作品中的句法与非句法形式对人类情感、情绪的表达性质。对音乐表现性的理解，人们经常会感到困惑：一方面，在欣赏音乐时不得不承认音乐给予了他们情感上的体验；另一方面，又觉得音响是物理性的客体，怎么可能会有情感。对此，艺术心理学上给的解释是这样的：客观的物理现象与人的心理现象之间有一种"同形"关系。例如，柳树的形状（结构）让人觉得是"抽泣""悲伤"状，那不是柳树这一客观现象有情感，而是人们有了人在抽泣、悲伤时总是处于垂头、垂臂这样一个下垂姿态（结构）的经验后，使心中关于悲伤的姿态与柳树的姿态相吻合或"同形"，柳树的姿态等同于心中关于人的悲伤的姿态，于是柳树就是"悲伤"的，它也就具有了情感表现性。按照这个道理来说，当人们觉得音乐是悲伤的时候，音乐的句法与非句法结构也就具有那种有关悲伤的"姿态"。例如，旋律型是下行的，速度是缓慢的，节奏型是疏松的等。所以，音乐"听起来悲伤"不是因为它唤醒我们的悲伤，而是因为我们辨认出在音乐样式中有与人们在日常生活中表现悲伤的语调、行为类似的东西。从这个意义上来看，我们可以知道，当一个人听音乐时痛哭流涕，恰好说明他已经离开音乐很远，进入他自己的思绪中去了。因为倾听音乐的情感表现是辨认出音乐中所表达的某种情感的样式。这时倾听者所具有的行动倾向是专注，是一种理智与情感的结合状态，而不是一种没有理智参与的情感崩溃。

对音乐所能表现的情感做出判断是没有明确原则的，可以确定的是，无论是对物理现象还是对心理现象的"情感"姿态，人们都具有大概的一致性。比如说，大家都会承认柳树的姿态更接近"悲伤"而不是"快乐"，节奏轻快的音乐更接近欢乐而不是哀痛。音乐所能表现的情感可以分为两个不同的种类：一种是表现与人类的语调、动作姿态比较接近的情感；另一种是表现生命意义上的广泛的情感，如用紧张与释放、冲突与缓和等音乐模式表现生命的张弛、起落等。在幼儿园音乐教学范围内只涉及表现与人类的语调、动作姿态比较接近的第一种情感，表现生命张力的第二种情感离幼儿的情感经验太远，无法让幼儿理解。

2. 幼儿园音乐作品表现性具有两种依附性

第一种，对形式性的依附。节奏、音色、力度、旋律、结构、速度、织体、风格，这八种音乐形式元素并不是像文字表达的一样可以将它们分离，在音乐中它们具有密切的联系，彼此交错，构成可供人们辨认的音乐样式，因此，音乐的情感表现性很难被归类，音乐形式的各种元素之间的交错样式是多变的。鉴于此，幼儿园音乐作品表现性的挖掘也要比再现性难。

第二种，对再现性的依附。音乐表现性的挖掘就是音乐形式性的挖掘。直接让幼儿辨认音乐表现性等于让幼儿辨认音乐形式，这种辨认与幼儿的学习口味格格不入。然而情感不是孤立的，在我们的经验之中并不存在一个独立的、称之为情感的东西，情感总是依附于运动过程中的事件与物体。我们也可以理解为音乐的表现性是依附于音乐的再现性的，在挖掘音乐中的人物形象、动物形象、事件气氛等再现内容时，自然会体会到音乐中的情感表现性。例如，我们在表达未出壳的小鸡形象时，受乐曲速度较快、音区较高等形式的规限，表现的小鸡形象一定是轻松愉悦、喜气洋洋的，小鸡所具有的情感状态也就是音乐的情感状态。这种情感状态在我们用动作表达小鸡啄壳、拱壳、碰壳时被表现得淋漓尽致。

音乐的表现性不只受形式性规限，而且直接依附于形式性，这一特性决定了音乐表现性是比较抽象的。由于情感是依附于事件、人物与物体的，所以决定了音乐情感表现性也是依附于音乐再现性的。

3. 幼儿园音乐作品的节奏型表现性

一般情况下，节奏、音色、力度、旋律、结构、速度、织体、风格等音乐形式元素的表现性是通过彼此交错、叠加呈现的，而且这些表现性通常是通过再现性的表演来完成的。例如，慢速、低音区等音乐形式元素所表现的低闷情绪在表演笨重动物的形象时可以同时呈现；快速、密集节奏型等音乐形式元素所能表现的欢快情绪在表演庆丰收的热闹场景时被同时呈现。但是，音乐形式元素中节奏型的情感表现是可以脱离其他元素被单独分离出来进行解析的。

如：紧凑与舒展节奏型的情感表现。因为表现性紧紧依附形式性，所以对节奏型的辨认显得非常重要。但是，这种节奏型的辨认只是紧凑与舒展的样式辨认，并不是对具体的四分音符、八分音符、附点音符的时值进行认识。由于在一个句子中节奏有密有疏，对比性较强，再加上先收后放的动作姿态本来就是一种情感抒发的日常动作姿态，所以对幼儿来说相对比较容易掌握。当能轻松辨认先密后疏的节奏型后，我们就能进入一句都是紧的（紧凑节奏型）与都是松的（舒展节奏型）节奏型的学习了。

4. 幼儿园音乐作品的情感表现需要的是行动表达而非语言描述

幼儿园音乐作品的情感意义基本上是通过再现性来表达的，因为情感不是空洞、孤零零的，它总是以事物与事件作为出现的前提。但是，音乐作品即便用再现的形式来表达，其表达的手段主要还是动作、打击乐演奏与歌唱，而不是语言。在拍子的韵律中做合适的动作、演奏合适的句型、演唱歌曲都是音乐能力的体现，也是音乐经验形成的必经之路。如果喋喋不休地用语言来描述音乐，描述得再好也不是音乐能力，充其量是语言表达能力。因此，从幼儿的角度来看，学习与理解音乐的过程就是表演（动作、打击乐演奏、演唱）音乐的过程；对幼儿园音乐教师来说，教音乐的过程就是示范表演（动作、打击乐演奏、演唱）音乐的过程。目前在幼儿园音乐教学中，教师还是喜欢让幼儿用语言来表达音乐的表现性，如

"这首曲子听起来怎么样啊？是快乐的还是悲伤的？"当幼儿回答"快乐的"或者"悲伤的"以后，教师还继续要求幼儿用语言描述。然而，幼儿有时无法用语言准确表达音乐的情感，这时继续要求他们描述可能会导致混淆和困惑。实际上，音乐的情感表现性用语言表达是有限的，而更重要的是通过行动表达动作，通过打击乐演奏、演唱来理解和体验音乐的情感。因此，在音乐教学中，强调用行动来表达音乐的情感是更为有效的方法。

## 二、历史文化特性

从音乐作曲的角度来说，所有的音乐作品都是作曲者在其音乐实践的特定历史中、在其生活的某个地方创作的，而不是凭空产生的。作曲者的"作曲"不是抽象、孤立的，而是具有具体的形式，如歌曲、电影插曲、舞蹈套曲、弦乐四重奏、交响乐、进行曲、歌剧等，每种作曲形式的实践具有长期以来建立与形成的模式与标准。作曲者引导与评价自己的作曲活动时，最重要的方法是表演实践，作曲者一定要确保使自己的作品能够被表演者与倾听者接受与理解。从音乐诠释的角度来说，音乐表演的成功依赖于对给定的曲子的所有相关纬度的理解。除了根据相关实践的标准与传统，知道如何产生与表演音乐样式的句法与非句法结构外，还必须理解此作品是表现性的还是再现性的。如果这些方面都具有，那么表演者必须决定如何把这些纬度整合为一个整体。所以说，无论是音乐作品的创作还是表演，都表明音乐是在历史文化发展中被生产与被诠释的，它不是绝对地无功利、自足的。在幼儿园音乐教育范围内，我们着重讨论幼儿园音乐作品的文化特性与实用特性。

### （一）文化特性

1. 文化概述

（1）文化的内涵

文化指对人类生活方式、观念、价值观、行为形式等非物质文化现象进行系统分析和研究的学科。它除了被运用于生物与物理性的发展外，还经常被社会学家、人类学家解释为一个民族的生活进行方式。其范围主要包括语言、习俗、一个具体社会群体的爱好等。从这个意义上说，所有的人应该都是被"文化着"的，因为每一个人属于或被引入某种人类社会。从人种志或产品的意义上来说，文化又是具体成就的实体。一个文化人是指他对某种文化产品具有见识。在给定的时间与地点内生存，一个群体必须适应与调整他们的物理、社会与形而上的环境。在这种"情境"感觉的范围内，一个群体的文化是在一个具体的时间与地点内为适应、生活、生长而分享的项目。文化是有关群体的物理与社会环境的信仰与发展和保存下来的符合其需要的文化形式之间的互相作用而产生的。因此，文化不全是人们拥有的东西，而更是人们制作的东西。

幼儿在幼儿园被"文化着"。首先从社会学、人类学意义上被"文化着"：幼儿被幼儿园从园长到所有教师的言行以及幼儿园的环境"文化着"；其次从产品意义上被"文化着"：幼儿被幼儿园集体与班级教师的个体所选择的文化产品"文化着"。

（2）多元文化的内涵

多元文化的含义指的是在一个公共的社会系统中不同的社会群体的共同存在。这是一个描述性的定义，它只是简单地指出文化的多样性。但是，多元文化也有一种评价感觉。它意味着一种社会理解，即在尊重与保留每种群体完整性的同时，支持一种为了不同群体之间进行交流从而取得整个群体更加丰富的一种政策。从这个意义上来理解，我们可以得知，似乎说明当一个国家可能包含许多不同文化的时候，它要制定所有群体具有平等的法律、教育与经济机会的法律是困难的，但具有多元文化的国家都努力地做着这件事。理查德·柏瑞特曾经说过，多元文化这个词最适合在符合以下三个标准的一个国家或共同体内使用：①它必须呈现包括很多不同文化的文化多样性；②这些微文化要想共同生存必须有近似平等的政治、经济、教育机会；③作为一个社会组织可行系统和基础的多元文化主义的价值，必须有一个公共政策的承诺。从理查德的观点上来看，美国、加拿大、澳大利亚、英国等国家可以被看作由一个分享的核心文化以及许多亚文化组成的共同体。

（3）多元音乐教育的内涵

不同的群体形成不同的文化，一个国家的文化是多元的，更不要说世界文化是多元的了。而音乐是人类制作的一种文化，从世界范围方面来分析，音乐的多元是毋庸置疑的。每种音乐都有孕育其生长的群体，如保加利亚风笛，它有着保加利亚风笛的制作者与听众；巴洛克合唱有巴洛克合唱的制作者与听众；迪克西爵士乐有迪克西爵士乐的爱好者；中国音乐有中国音乐的制作者与听众。因此，在特定群体中产生具有特定风格的音乐。反过来说，音乐风格是具有共同听觉特征的一个音乐群体所具有的，在这一群体中，音乐的制作者和听众拥有某些相同的音乐信仰、共识和偏好。除此之外，有的音乐分支之间联系紧密，有的联系不那么紧密，例如，美国的爵士乐受到西欧音乐传统的影响比较大，而印度的音乐就与西欧音乐相差甚远。如此看来，音乐实践与音乐实践、音乐与音乐之间存在层次、种类等的区分，如何厘定这些交织叠加的作为实践的音乐概念呢？埃利特通过改变"音乐"这个词的视觉形式很有创意地完成了这项任务。他把 music 这个词的视觉形式改成三个不同的类型：MUSIC（总体音乐），Music（个项音乐），music（作品音乐）。总体音乐是覆盖范围广泛的人的实践，它由无数种不同的音乐实践组成，其中每个都被称为个项音乐。其中的作品音乐指在特定环境中由音乐工作者的努力得到的结果的可听的声音事件、作品和可听内容。

因此，多元音乐的"音乐"是指 MUSIC，是指世界的总体音乐，强调世界范围内所有民族、群体的音乐都是独一无二的，不存在一种音乐比另一种音乐好的情况。换句话说，在不同的音乐实践之间无法进行比较，如舒伯特的歌曲与布鲁士或南非音乐之间是没有可比性的，在音乐与音乐之间没有更好但是有更合适。要尊重与深化自己民族的音乐，同时不排斥其他民族的音乐可能是对多元音乐内涵比较合适的理解。同理，对多元音乐教育的理解可能是这样的：在世界范围内音乐教育应该是多元的，每个民族都有保留与完善自己音乐文化的义务。反对文化霸权主义的行为，也就是说，反对把一种音乐文化作为权威向全世界范围内渗透与推广。但是，到了具体的国家、学校，音乐是指 Music，是指个项音乐，推行的当然是自己国家、自己民族习惯的音乐教育内容，不可能把全世界五花八门的个项音乐全都纳入自己学校音乐教育的范围，以此表示追求多元音乐教育的新理念，这是对多元音乐教育内涵的误解。多元音乐教育的含义指的是深入进行我们自己的传统音乐教育的内容，与此同时渗透一些旨在开阔学生多元视角的世界各地的音乐文化，但深入自己的音乐文化实践是首要的任务。

2. 文化特性

当我们讨论幼儿园音乐作品的文化特性时，我们所指的幼儿园音乐作品是一种总称，指全部可能被选的音乐作品。换句话说，幼儿园音乐作品的文化特性就是指幼儿园如何合理、有比例地选择世界范围内的各种音乐。然而，在我们讨论幼儿园音乐作品的文化性选择时，其前提是所有音乐都符合幼儿的年龄特点，抛开幼儿的年龄特点与接受能力来谈多元音乐文化是无效的。

用中国的音乐"文化着"作为中国人的幼儿是我国幼儿园音乐教育工作者的使命，这不是民族狭隘主义，而是文化本身的要求，同时也是文化的本质。从西北的花儿、安徽的黄梅戏、湖南的花鼓戏到闽西山歌、广东童谣，从新疆的纳兹尔库姆舞、广西的蚂拐舞到云南的迎客舞、霸王鞭舞，都充分展现着我国民族民间音乐的丰富与别致。但是，这些具有中国民族民间特色的音乐素材不是全都能直接拿到幼儿园音乐教学中来的，很多音乐素材需要做大量的改编工作才能适合幼儿的年龄特点与接受能力。因此，幼儿园音乐作品民族性的重要性虽然已经得到我国幼儿园音乐教育界的重视，但是，目前符合幼儿年龄特点与接受能力的民族音乐作品太少，不能满足文化民族性的要求。因此，挖掘我国民族民间音乐素材、传承我国民族民间音乐是我国幼儿园音乐教育永远的追求。

幼儿生活在一个具体的时代，他们一定会受到那个时代的文化潮流的影响。当下的幼儿受流行音乐的"洗礼"是时代的特征。在现代社会，我们会看到这样的情景：孩子们满怀"激情"地唱着《月亮之上》《老鼠爱大米》《隐形的翅膀》等情爱歌曲，而像《丢手绢》《小燕子》《找朋友》等儿童歌谣似乎在逐渐远离孩子的音乐生活。在这种情景下，我们不禁会问：是不是我们给孩子的童谣、歌曲不够有趣生动？是不是我们呈现给孩子的音乐作品的音响效果不够精彩？鉴于此，我们的回答是：我们需要挖掘民族的、生动的儿童音乐作品，但我们也没有必要排斥流行音乐。选择恰当的流行音乐元素也是丰富幼儿园音乐材料资源的一股力量，把流行音乐中相对合适的内容经过改编后为幼儿所用，这种因势利导比强硬拒绝要好得多。

总之，我国幼儿园音乐作品的文化特性其实质是民族性、传统性、创作性与流行性的协调与把握。对幼儿园音乐教育来说，就是合理安排多元音乐教育的内容比例。在音乐作品符合幼儿年龄特点与接受能力的前提下，我们应多安排民族音乐作品，这是实施民族文化音乐教育最本质的体现。其原因主要有两方面的内容：一是深化本民族的音乐文化才能体现世界音乐的真正多元化；二是对具有多民族文化的我国来说，让幼儿接触我国各民族的音乐风格本身就是一种多元的体现。我国学校音乐教育中传统性的音乐作品是西方音乐，这部分音乐材料已经被反复挖掘、循环运用，对此我们没有必要去放弃。当民族性的作品越来越多、越来越精彩后，西方音乐的占比自然会减少。创作与改编的音乐作品作为新鲜元素只要合适就可以选用，但是对这类作品我们需要有一个鉴别、挑选的过程。

### （二）实用特性

#### 1. 音乐自律概述

从鲍姆加登让美学成为独立的学科开始，经历了康德、黑格尔，直到 20 世纪 60 年代现代美学的众多流派，美学已经逐渐窄化为艺术哲学与审美心理学，"美是什么"的命题已经开始发展成为"艺术是什么"或"美感是什么"的命题。"艺术是再现""艺术是表现""艺术是形式""艺术是游戏""艺术是符号"等不一而足的有关艺术本质的命题，概括起来就是"艺术是审美"，而"艺术是审美"的第一原理也就是艺术自律或自足或纯粹。

艺术的自律神话并不是脱离社会背景的空穴来风，它具有一定的基础，它的出现与 18 世纪初期起源于英国和德国，然后遍及欧洲的贵族阶层的衰退和新中产阶级崛起的社会变革密不可分。这个新时代的新形态的核心是所有人（但不包括妇女）都具有自由、平等和自足的特征。建立在财富和世袭制度之上的旧的社会秩序正在逐渐瓦解。新的社会秩序强调个体的自治，进而视个人出身为不相关因素。在新的社会秩序中，发挥作用的不是社会继承或物质遗产（环境），而是个体的自身价值。由于欧洲原本处于流传下来的贵族阶层随心所欲的法律条文的管辖之下，所以那时社会的和谐越来越多地依赖于个人意识、修养和自律。自律的社会意识很自然地孕育出艺术的自律或审美意识。正如布迪厄曾经说过的那样：我相信事实上不存在超越历史因素影响的场域之间关系的法则……艺术场域在 19 世纪获得了它真正的自主性。艺术自律原则在西方历史上的那个特殊时期是具有进步意义的。它为人们提供了一个理想的、意识的中立的精神空间。在这个精神空间里，由国家机构各文化团体创作的艺术形式被认为是客观的，于是没有必要关注这些团体特殊的文化背景与潜在的内容。

#### 2. 实用性

音乐自律原则认为音乐是非功利的、纯粹的，所以对音乐作品的感知方式也应该是无利害、无功利的纯思，对音乐作品的感知内容是艺术作品的表现特性。只有感知方式正确、感知内容正确才能获得审美经验。实际上，音乐也有功利，即实用的一面。下面我们从四个方面来阐述幼儿园音乐作品的实用性。

（1）教育性

教育性是指音乐教育的终极目标是使幼儿获得经验积累或成为与自我、社会、自然和谐的人，这显然是幼儿园音乐作品最大的实用性。从自我的角度方面来分析，幼儿园的音乐教育活动要充分发挥幼儿的主体性，尽可能让幼儿主动学习，获得成功愉悦感，从而使幼儿具有自信的人格特征。从社会性的角度来看，幼儿园的音乐教育活动过程是一个尊重他人、彼此合作互动的过程，让幼儿意识到他人并乐意与他人相处，从而形成亲社会的人格特征，这也是学前儿童音乐教育的重要任务。

（2）知识性

在音乐学习的过程中，学习歌词中的知识，并通过熟唱歌曲来掌握这些知识也是音乐的一种功能。在需要的时候，歌曲学习也可以成为知识教学，当然这种学习不能成为音乐教育的主要内容。

（3）娱乐性

让幼儿参与音乐表演能够促进幼儿的音乐能力，因为音乐本来就是一门表演艺术，音乐能力在制作或表演中得到发展。尤其是针对家长作为观众的经常性音乐表演对幼儿的音乐能力发展具有积极的影响，因为音乐经验也需要家庭环境的支持。

综上所述，音乐是具有实用功能的，但在发挥音乐的实用功能时不应忽视音乐性的规范。如果不受音乐性规范的限制，过度强调音乐的实用功能，将音乐教育完全转变为说教式或娱乐性的教育，那么音乐教育在学校教育中占据一席之地的独特性将逐渐丧失，实用性也可能成为音乐教育在学校教育中逐渐消失的原因。

# 第三节　音乐学前教育的教师角色

现代幼儿教育对教师角色的定位是：幼儿学习活动的支持者、合作者和引导者。教师应以关怀、接纳和尊重的态度与幼儿交往。在交往中，耐心倾听，努力理解幼儿的想法和感受，支持并鼓励他们大胆探索和表达。教师在教学的过程中要善于在艺术、科学、社会等不同领域中发现幼儿感兴趣的事物，在幼儿的游戏和偶发事件中挖掘隐含的教育价值，并能够运用教育智慧，及时把握时机，积极引导。

换言之，教师要关注幼儿在各领域活动中的表现和反应，敏感地察觉他们的需要，及时以适当的方式做出应答，形成有效的、合作探究式的师幼互动。要尊重幼儿在音乐发展水平、音乐能力、音乐经验和音乐学习方式等方面的个体差异，真正实现因人施教，努力使每一个幼儿都能在音乐领域中体验满足和成功的快乐。为了实现这一目标，教师必须充分关注幼儿的特殊需要，了解幼儿的各种发展潜能，甚至不同的发展障碍，同时，与家庭密切配合，共同促进幼儿健康成长。

当然，比上述内容更重要的是，要想完成学前儿童音乐教育任务，实现音乐教育目标，就必须合理有效地设计和组织好每一次音乐教育活动，将学前儿童音乐教育的目标具体落实到每一次音乐活动中去。这就要求教师自身必须具有较高、较强的音乐水平和能力，在音乐方面，吹、拉、弹、唱、跳各种表演都要熟练掌握，最好具有一定的特长，尤其是钢琴演奏和自弹自唱要达到熟练、自如的水平；在音乐知识和对音乐的感受、理解能力方面也必须具有一定的基础。与此同时，在组织活动、设计教法、制作教具等方面，要求教师注意积累教学经验，并且具备美术、文学等多方面的才能。

试想一下，一个音乐教师如果自己在音乐方面概念不清、缺乏基本的音乐听觉能力、不会弹伴奏，甚至音准有问题，那么，他拿什么来教育孩子呢？他有什么能够教给孩子呢？

## 一、教师的专业化问题

从总体上看，我国幼儿音乐教师在素质方面整体上有了大幅度的提高，同时，教师队伍的年龄也日益年轻化，专业水平也越来越高，教育的观念方面也在不断地更新。但是需要我们注意的是，当今幼儿音乐教育中，教师的素质问题仍然需要我们重视。

在当今社会中，专业知识方面有所欠缺的幼儿音乐教师并不少见。这些教师在基本的音准、节奏等音乐素质上都有着不同程度的欠缺。比如说，有些教师在范唱的过程中频繁出错，对音准的感觉拿捏不准；有的教师在音乐的调式上缺乏把握，在孩子唱歌的时候不能很好地进行伴奏；还有的老师在音乐的节奏感上表现较差，在弹奏伴奏的过程中不能掌控歌曲进行的速度，从而影响孩子们的学习；还有很多教师在授课时，忽视歌曲的节拍和重音，在做示范的时候不能表现出音乐的强弱感，只是非常机械地进行；另外，还有些教师对节奏的感觉不是很强，因此不能很好地把握歌曲进行的速度，不能为孩子的演唱进行钢琴伴奏。在即兴伴奏方面，大多数老师在和声的配置和织体的编排上缺乏一定的专业水平。他们经常是一首歌下来全用主和弦，有时候在为小调的歌曲伴奏时也是通篇都用大调的主和弦，民族调式的和声色彩表现更是无从谈起。与此同时，有些教师在歌唱方面也表现平平，对歌曲的内涵和情绪不能很好地把握，表现不出歌曲应有的魅力。由此我们可以知道，大多数音乐教师对于音乐的认识还不够，专业素养水平较低，对于音响的要求不高，此外，在为学生播放音乐的时候，他们对音乐的结构以及段落的完整性没有概念，在关停的时候比较随意，很容易给人造成听觉上的不舒服。

　　教师自身在音乐专业素养方面的不足，直接导致他们在音乐审美方面的欠缺。一般情况下，这些教师自身在音乐素质方面的不足和局限又带来了他们在音乐审美能力、审美趣味、审美境界等方面的不足。这首先反映在教材的选择上，音乐性往往考虑得不够，相当多的音乐教材在艺术上粗糙简陋，内容过于直白，缺少新意，经不起深入探讨和品味，更谈不上风格的多样化。这些问题难以激发幼儿对音乐美的体验和感受，从而导致幼儿对音乐课缺乏应有的兴趣。其次，在教学要求上，教师把注意力放在兴趣的培养上，克服了过去那种刻板的技能训练的倾向，这在一定程度上是一个进步，但是如果分寸掌握不好就难免会失之偏颇。从现有的情况来分析，幼儿的演唱在音准、节奏、速度、音色等方面都缺少应有的训练，幼儿的歌声没有表现力，也没有能力通过自己有表情的歌声来表达内心的情感和情绪。这样的歌唱活动又有什么情感教育意义呢？幼儿音乐素质能力的培养之所以长期得不到应有的重视，很大程度上是由教师自身的音乐素质所决定的。设想一下，如果一个教师自己对音准、节奏、速度、音色等音乐的基本表现手段缺乏一定的敏感，不能听辨出正误、优劣，那他又如何去要求孩子并纠正他们的错误呢？

## 二、课程实施中教师的反思

先让我们一起回顾一下在过去的传统教育观念里教师是怎么做的。

过去，当教师确定了一个教育主题之后，很少或几乎从不进行自我反思或内省。总是一开始就沿着"怎样教"这一思路去备课、去思考。而思考的起点是什么？首先存在一个心照不宣的假定：对诸如"爱"或其他类似的人文主题，教师往往自以为这些内容很浅显，视之为显而易见的东西，以想当然的态度去对待，以为自己没有什么不懂的，问题只是如何去教而已（不像数理化等其他学科或许还会有教师自己一时难以解开的难题，需要教师去做深入的思考）。这种教法的前提是"关于这个主题，我当然知道是怎么回事儿了！孩子不懂，当然得由我来教他了！"或是"我当然做得比孩子好啦。"当然这就不可避免是居高临下的，这种居高临下的态度又怎么能摆脱"我教你，你得听我的"，也就是"教师教育学生"的窠臼呢？又何谈尊重孩子？如何做到平等交流与对话呢？对于"教育"意义的追求还表现在教师通常都喜欢拔高主题意义，努力想着怎样教育孩子通过自己这一次或两次的主题活动，立竿见影地去做出外显的"爱"的好行为。这种对"爱"的外在行为结果的追求往往更甚于引导孩子们去感受、去体验"爱"这一人类至高无上的情感带给他们自身的那种来自内心深处的、自然的、无拘无束的快乐与力量。换言之，这样的教育总是徒有其表、舍本逐末，而不能深入人心的。因为它不是发自教师个人内心的灵魂深处，那又怎么能达到孩子的内心深处，真正内化为他刻骨铭心、永世不忘的精神财富，再进而外化为他由衷的、慎独的、表里如一的"爱"的好行为呢？

当然，在以前的教学中，这种教法也不能说一无是处、完全不对，但至少是远远不够的！因为在这样的教学思想指导下，在这样的实际教学实施过程中，由于完全省略了教师自身的情感体验与情感的投入，完全忽略了教师个体对自己所教领域或主题的独特的感悟、理解与思考，教师所能做的最擅长的工作就是将主题分解成知识和技能的方方面面。教师的工作，夸张一点说，就像是一个解剖尸体的外科医生那样，将原本完整的一个艺术作品分解开来，将充满人文精神与情感内涵、需要人的整个心灵去呼应的艺术作品分割成支离破碎、残缺不全，就好像把一个活生生的人分割，只剩下各种器官，而不再有他活着的时候所充满的精气神和灵性。

近年来的教育改革在教师备课的这一环节中又增加了对儿童学习能力与特点的关注，教师努力根据幼儿的已有经验和学习的年龄特点去设计教育方法，考虑教育手段，实施教育过程。这无疑比过去又前进了一大步，但还是远远不够的。原因是它仍然忽视了教育过程中最不应该忽视的、能对幼儿产生最直接、最深刻的影响的一个最重要的方面——教师！

苏霍姆林斯基曾经说过"只有个性才能影响个性！"在媒介日益丰富和发达，人们获取知识的途径日益方便与快捷的网络时代，教育存在的一个最重要与必要的前提，那就是网络与数字化永远代替不了的人的影响与作用。在学校和幼儿园里，这个最重要的人是谁呢？很明显是教师！教师以他独一无二的、不可替代的精神、人格与个性感染着、影响着他的学生，而不仅仅是教育着他的学生。教师身上这种独一无二的品质又造就了一个个活生生的、独一无二的、健康快乐的学生。教师的这样一种作用是多么美妙！

实际上，忽视教师自身主体意识的发挥，忽视教师这一个体的个性、独特性或某些个人化的方式，从根本上说就是教师中心主义、教师权威化、教育灌输式的潜在表现。一个真正热爱艺术、尊重孩子，能与孩子平等交流、对话的教师在面对一个艺术教育主题的时候，他的态度应该像面对一个魅力无穷、迷人而又新奇的宝藏一样，充满了发现的快乐。他应该重新发现自己，发现自己的情感世界和精神领域，发现自己与孩子、发现人与人在艺术品面前共同相通的那样一种交融与和谐。

这正是我们所追求的理想的艺术教育！

那么，"我"心中的爱到底该怎样去描绘呢？

作为一个教师，"我"又该用什么方式来向幼儿园的孩子们传达"我"所感受和体验到的爱呢？最能让"我"和孩子们在爱的情感中彼此沟通、彼此交融、彼此分享的艺术品又有哪些呢？在我们的艺术教育中，最能够将艺术与爱的主题、人（教师与幼儿）的情感自然而又深刻地融为一体的最恰当的途径与方法、手段又是什么呢？

对上述这些问题的反思与回答，应该作为教学准备工作的核心环节。

"我"心中所理解的爱首先是温柔的，是充满了淡淡的温馨的粉红色调的，是温暖的，是不急不躁的，给人以足够的沉稳、自信和力量的。

　　这种对爱的理解未必全面，也不一定深刻，更不可能是唯一正确的，但它是真实的，是出自教师内心深处的，是一个诚实无伪的教育工作者真真切切感受得到的。我们相信把一份真实的情感传达给孩子，这样的教育功效是那种假、大、空的说教永远都无法比拟的。

# 第三章　学前音乐教学活动设计

## 第一节　学前儿童音乐教学活动目标的设计

### 一、学前儿童艺术教育活动设计的原则

依据教育的基本原则与艺术的基本特征，从学前儿童的艺术审美心理发展规律出发，教师在进行学前儿童艺术教育活动设计时，应遵循以下几个基本原则：

#### （一）发展性原则

艺术教育工作不仅要促进儿童的现实发展，而且要促进儿童的终身发展。因此，这里的发展性原则是指教师在设计学前儿童艺术教育活动时，必须以儿童的原有基础和能力水平为依据，着眼于促进学前儿童身心的全面发展。在实践中包含以下两层含义：一是将活动的内容、方式与儿童发展的目标联系起来；二是将儿童的原有基础与新活动提出的发展目标联系起来。

例如，儿童在刚开始的时候并没有对自己画的人物的水平或者垂直状态感到不满，也不会因为画面中没有把静止站立和正在做某一动作的人区别开来而感到烦恼。但是，当他们的年龄和绘画水平发展到一定程度的时候，他们就会希望看到自己作品中的形象呈现出更加真实的样子，因此，他们便会尝试探索更加高级的表现形式。

#### （二）灵活性原则

灵活性原则是指在艺术教育活动中，由于教育各因素间的差异，教师需要灵活而富有创造性地进行施教。儿童的年龄越小，教育越没有定式。因此，教师要根据不同的活动内容和活动要求，灵活考虑学前儿童主动活动与教师参与、指导活动的比例关系，促进学前儿童的发展，使艺术教育活动产生最佳的效果。

教师在制订艺术教育活动计划或在开展艺术教育活动时，都会遇到许多突发状况。因此，在设计活动方案时，教师应尽可能地了解得多一些、深入一些，使教育有的放矢；对每次艺术活动也要尽可能做出多种设想，做到因材施教。只有这样，才能使能力较弱的儿童得到提高，同时也能满足能力较强的儿童的求知欲。例如，在教授儿童绘画或手工技能时，既要求儿童去观察、记忆和模仿这些技能，又要求他们在生活中去思考和探索，并尝试用这些技能去解决新的问题。

### （三）自然性原则

自然性原则是指在设计学前儿童艺术教育活动时，教师要遵循儿童身心发展的特点，开展既能促进儿童发展又不束缚儿童自然天性的教育活动。

卢梭认为，自然主要是指学前儿童的天性。人本身就是大千世界中的自然物，有许多自然属性，这些自然属性在儿童身上尤为突出，如好奇、好问、好动等。因此，在进行艺术教育活动时，应顺应儿童的自然属性。正如著名学前儿童教育家蒙台梭利所倡导的，要给学前儿童提供一个充满自由、爱、营养、快乐与便利的环境，使他们从妨碍其身心发展的障碍中解放出来，使他们的天性得以自然地表现。

贯彻这一原则，要求教师崇尚自然，多让儿童接触大自然，并选定以自然和社会为中心的学习材料，使儿童在无拘无束的大自然中接触和认识各种事物，欣赏大自然中的各种美。

### （四）融合性原则

融合性原则是指运用各种教育与艺术形式所能提供的手段和方法，注意艺术领域内部各方面内容的联系，或不同领域间教育内容的联系，将相关内容融合起来设计学前儿童艺术教育活动，使学前儿童获得整体性的全面发展。例如，艺术教育活动中融合绘画、体操动作等。

需要注意的是，艺术教育活动的设计始终要从音乐的角度进行思考，其他发展领域活动的参与应从艺术教育的需要出发，最终仍旧要落实到儿童的音乐发展这一根本点上，既不宜"平分秋色"，更不宜"喧宾夺主"。

### （五）兼顾性原则

兼顾性原则是指教师在进行学前儿童艺术教育活动设计时，既要考虑全体儿童的一般性发展需要，还要考虑个别儿童的特殊发展需要。为此，教师应在艺术教育活动中注意：①向儿童提供直接获得感性经验的机会，特别是通过倾听获得听觉经验的机会。②向儿童提供运用多种感知通道的机会，除听觉外，身体的大肌肉动作是帮助儿童感受和理解音乐的重要媒介。③向儿童提供更多的情感体验和情感表达的机会。④向儿童提供具有完整审美意义的艺术形象。

## 二、学前儿童艺术教育活动目标的设计

学前儿童艺术教育的目标是指导和支配学前儿童艺术教育活动设计与实施过程的关键，这一目标不仅决定着学前儿童艺术教育的内容、途径、方法和组织形式，也决定着教师的观念和行为，最终影响学前儿童的发展。因此，它是学前儿童艺术教育活动的出发点和落脚点。

### （一）影响学前儿童艺术教育活动目标设计的因素

不同时代、不同国家所制定的教育目标不同；同一时代、同一国家中不同教育机构或教育者所制定的目标也不同。目前，我国要想制定出相对更为合理可行的艺术教育目标，就必须深入、全面地了解社会发展及儿童发展的需要和规律，使教育目标的实施、检验、调整等活动成为一个开放的动态过程。在确定学前儿童艺术教育目标时，要综合考虑以下多种因素：

1．儿童的发展

儿童是教育的对象，其身心发展的实际水平、需要、可能性及发展规律等都能为教育者制定有关教育目标提供有用信息。例如，学前儿童喜欢游戏，教师制定的教育目标中就应该强调让儿童通过自由游戏获得快乐的感受，使其养成对自由生活的热爱之情。

学前儿童的发展，尽管被公认为是影响学前儿童艺术教育目标制定的重要因素，但目标制定者对儿童发展的实际认识和状况把握也是直接影响学前儿童艺术教育目标制定的因素。

2．社会的需要

任何时代的任何社会总是要将自己的理想角色作为教育所追求的目标。学前儿童艺术教育的目标也直接或间接地反映着社会的需要。因此，社会的需求、社会生活的现状和发展趋势也应当作为学前儿童艺术教育目标制定者的考虑因素。

### 3. 学科的特性

学科专家对学科教育的价值、潜力、学科结构以及学科学习规律等方面的看法，能够为学科教育目标的制定者提供非常重要的参考信息。目前，在世界上被广泛认可的著名儿童艺术课程中，都有艺术学科的专家参与设计和实施，甚至许多艺术课程的创始人本身就是著名的艺术家或有相当艺术造诣的艺术教育家。例如，"体态律动学"的创始人达尔克罗兹曾是日内瓦艺术学院的和声学教授。他以学科专家的敏锐洞察力明确指出：身体大肌肉随着艺术运动能力的发展，是艺术能力发展不可缺少的途径。正是因为他的贡献，随乐身体运动能力的发展已成为世界性的艺术教育目标之一。由此可见，艺术专家和艺术教育专家对艺术和艺术教育的看法都直接或间接地对学前儿童艺术教育的目标制定产生影响。

### 4. 学习心理学的理论

学习心理学是从心理学中独立出来的一门学科。尽管学习心理学的研究者相对更重视为改善教育过程提供建议，但教育目标的制定者仍然可以从学习心理学的研究资料中获得许多重要的启发。

目前，现有的各种艺术教育课程中，学习心理学的研究成果不仅十分明显地影响了课程目标的施行过程，使这些过程能够更加经济有效，而且许多学习心理学的研究成果还直接或间接地影响了课程目标。因此，在制定学前儿童艺术教育目标时，参与工作的教育者还应尽力将学习心理学的成果纳入自己的视野范围中。

### 5. 教育哲学

艺术教育哲学可以被看作是对艺术教育的看法或观念。它既可以被视为艺术学的一个分支，也可以被看作是教育学或哲学的一个分支。艺术教育哲学包括对艺术教育本质、目的、价值和方法的看法，这些看法也必然会通过教育目标制定者的观念而影响学前儿童艺术教育的目标。

### （二）学前儿童艺术教育活动目标的层次

学前儿童艺术教育目标的层次结构体现了这一目标体系在深度上的有序性。一般来说，它可分为总目标、年龄阶段目标、单元目标和活动目标这四个层次。

### 1. 总目标

《幼儿园教育指导纲要》（《纲要》）中艺术领域的目标是对学前儿童艺

术教育最终结果的期望，它规定了学前儿童艺术教育总的任务和要求，具体包括以下几个方面：①能初步感受并喜爱环境、生活和艺术中的美。②喜欢参加艺术活动，并能大胆地表现自己的情感和体验。③能用自己喜欢的方式进行艺术表现活动。

这说明，我国的学前艺术教育不仅引导儿童关注艺术美，还必须引导儿童通过对生活环境的观察、聆听，感受生活和大自然中的美，从而增强儿童对艺术和生活的热爱。

2．年龄阶段目标

学前儿童艺术教育的年龄阶段目标，即某一年龄阶段的艺术教育目标，如幼儿园小班艺术教育目标、幼儿园大班艺术教育目标等。融合了学前儿童艺术心理发展的规律和艺术学科本身的特点。它将学前儿童艺术教育的总目标转化为循序渐进、逐步提高要求的阶段目标，对学前儿童的艺术学习和全面发展提出了更具体的要求。

3．单元目标

这里的单元通常是"时间单元"或"主题单元"。学前儿童艺术教育的时间单元目标是指一段时间内应达到的教育目标，如月目标、周目标等；学前儿童艺术教育的主题单元目标则是指一组相关的主题活动系列中所要达到的目标。

4．活动目标

学前儿童艺术教育的活动目标是指某一具体的艺术教育活动所要达到的目标，与上一层目标紧紧相扣，共同组成一个金字塔式的目标层。

学前儿童艺术教育的目标通过层层的具体化，逐步落实到每一个教育过程中。因此，教师在艺术教育实践中的每一个具体工作环节中都要紧紧围绕教育目标，努力通过低层次目标的落实而最终实现高层次的目标，同时，教师应努力思考如何将高层次的目标准确地转化为低一层次的目标，从而推动和促进学前儿童艺术教育总目标的有效实现。

**（三）学前儿童艺术教育活动目标的设计过程**

1．目标的搜集

在明确了艺术教育目标的影响因素后，教育者要综合考虑多种因素，搜集多个教育目标。然而，这些初步搜集到的目标仅仅是一些"可能性目标"，需要经过教育目标制定者的进一步筛选，才能成为可供使用的课程目标。

2. 目标的筛选

在学前儿童艺术教育目标的制定过程中，教育者首先要对各种已有的"可能性目标"进行筛选。例如，许多研究都表明，6 岁以前的儿童可以学会识谱和钢琴、小提琴等乐器的演奏，还可以学会一些比较复杂的艺术舞蹈知识和技能。但是根据《纲要》的精神，艺术教育中，学前儿童的态度、基本素质和能力比专业知识、技能更重要，因此，我们会舍弃后面这些目标。

《幼儿园工作规程》规定：幼儿园保育和教育的主要目标是"萌发幼儿初步感受美和表现美的情趣"。由于我们考虑到审美情趣与知识技能既可能相互促进又可能相互抑制，我们会首先考虑审美情趣的目标，而将知识、技能目标放在一个适当的、能够起积极配合作用的位置上。

3. 目标的整理

这里的整理是指将目标分层归类。分层主要是指按照达成目标所需的时间来整理目标；归类主要是指按照目标的性质、内容来整理目标。只有经过整理，形成了系统结构的教育目标，才能真正科学地指导教育过程。

4. 目标的表述

目标表述就是按照艺术教育活动目标的不同层次，对目标进行表述。

以上所述仅是学前儿童艺术教育目标制定过程的一般程序。事实上，教育目标的制定总是一个动态的过程。也就是说，一个新的教育目标本身可能是一个旧的教育目标经过修改调整后产生的。经过实践检验之后，教育者还需要不断地根据实践中发现的新情况对教育目标进行再修改和再调整，以使已有的教育目标能够不断适应时代发展和儿童发展的需要。

**（四）学前儿童艺术教育活动目标的表述**

1. 目标表述的方式

不同层次教育活动目标的表述方式不同，即使是相同层次的教育活动目标，不同的教育者的表述方式也不同，这里主要介绍三种不同的目标表述方式。

（1）行为目标

行为目标是指在设计和实施学前儿童艺术教育活动时，以行为方式来陈述艺术活动的目标。泰勒认为，陈述目标最有效的形式是既要指出要使儿童养成的行为，又要明确这种行为在生活中的运用领域或内容。艺术教育目标是一个最终要由教育者来具体实施的目标体系，具有可理解性、可把握性和可操作性，以行为目标的方式加以表述，更有助于把握学习内容和指导教育过程。

行为目标包括核心行为、行为产生的条件和行为表现标准这三个构成要素。核心行为一般是可操作的动作，如"唱出""区分"等；行为产生的条件就是核心行为发生的特定情境或方式，如"在教师示范下……""进行欣赏后……"等；行为表现标准则是对学习结果的表述，如"会唱××拍的歌曲"等。

行为目标能够直截了当地明示期望儿童在活动中所达到的结果，清楚地表明活动过程中儿童将要做什么以及应该达到何种程度。同时，还能暗示教育者在活动中应怎样要求儿童并帮助儿童达到要求。例如，"熟悉乐曲的旋律，听辨前后段乐曲的不同，并能用不同的动作加以表现"或"给儿童一张硬纸，使儿童能在教师的指导下制作一个正方体"等。这样的目标比"培养儿童的艺术表现力"或"帮助儿童发展美术潜能"等笼统而空泛的目标更具体，可操作性更强。

行为目标适用于有关艺术基础知识和基本技能方面的目标，通常以儿童或教师作为行为主体。然而，在学前儿童艺术教育活动中，并不是所有的内容都可以用可视的行为进行表述。因此，用这种方式表述艺术教育活动目标，可能会忽略掉一些有价值的内容。

（2）表现目标

表现目标具有不确定性，它关注的不是行为的预期结果，而是儿童开放式的自我探索和表达。例如，"欣赏一段三拍子的音乐，用你最喜欢的动作表达方式来表演"等。这样的目标可以使儿童摆脱行为目标的束缚，大胆地表现自我和创造自我。但是，表现目标比较模糊，难以对艺术教育活动提供具体的指导。

在学前儿童的艺术教育活动中，行为目标和表现目标是相辅相成、相互补充的。行为目标表述的是儿童在艺术活动中的特定行为；而表现目标作为行为目标的补充，表述的是儿童独创性地运用一定的艺术技能来反映和创造艺术。

（3）过程目标

过程目标不是以预先规定的目标为中心，而是强调教师在艺术活动中以过程为中心，以儿童获得艺术体验为出发点来构建目标。

通过以过程目标的方式来表述学前儿童艺术教育的目标，教育的价值观念、教育环境以及使用的材料等都应该以儿童自身的经验为基础，从而给予儿童充分展示艺术创造力的机会，帮助他们获得知识、技能、情感和审美方面的积极体验。这样的过程本身就是教育成果的一部分。

需要注意的是，由于过程目标是随着儿童艺术活动的过程而展开的，因此，教师不仅需要熟悉学前儿童艺术发展的规律和艺术表现的特点，还需要掌握艺术学科的体系，具备较高的艺术素养，还必须具备一定的教科研综合能力。因此，要在学前儿童艺术教育实践中完全实行和推广过程目标可能存在一定的困难。

综上所述，在学前儿童艺术教育过程中，三种目标表述方式的运用可以互相取长补短。行为目标更有利于艺术教育活动的具体化和可操作性。表现目标更有助于激发儿童的主动性和创造性。而过程目标更有利于帮助儿童从经验出发，逐步确立价值观念，提高儿童解决问题的能力。因此，在制定学前儿童艺术教育目标的过程中，我们应该综合考虑这三种目标表述方式，以便更有效地推进学前儿童的艺术教育实践。

2. 目标表述的注意事项

目标表述是每一个教育者都要面对的具体问题。一般来说，艺术教育目标的表述需要注意以下几方面：

（1）难度要适宜

目标是对学前儿童学习任务和活动要求进行预先设定。在确定的难易程度时，必须考虑儿童的实际能力和发展水平。一般来说，目标要有一定的难度和挑战性，以确保教育活动有助于促进学前儿童的发展。同时，目标也不应过于超出儿童的能力范围，要保证学前儿童通过努力能够完成，而不是低水平的简单重复。

（2）框架要完整

艺术教育活动目标要涉及儿童身心发展的不同维度，并形成目标的整体框架。构建目标框架时，需要考虑儿童全面发展的要求，尤其是儿童经验的完整性。一般来说，一个具体的艺术教育活动目标可以从认知、情感与态度、操作技能这三个维度来进行设计。需要注意的是，并不是所有艺术教育活动的目标设计都必须包含这三个维度，而应在不同活动中有针对性地合理安排。

（3）内容有主次

一次具体的艺术教育活动不可能承载过多的发展目标，必然要有所侧重，要有针对性地突出某些关键经验和核心的学习任务。一般来说，在一个具体的艺术教育活动方案中，活动目标通常包含 2 到 4 条，各条目的内容要体现主次，且保持相对的独立性，彼此间要避免意义上的交叉或重复。

（4）任务要具体

任何一次艺术教育活动的目标必然是具体而有针对性的，要简洁、明确，避免笼统而空泛的表述。例如，小班音乐教育活动《喂小鸟》的目标"培养儿童根据音乐变化做不同动作的能力"，如果改为"能够根据音乐节奏和旋律的变化，表演小鸟飞、吃食、和大风搏击等动作"，显然更加具体、明确。

（5）角度要一致

艺术教育活动目标可以从两个角度进行表述：一是从教师的角度，指明教师应该做的工作或应该努力达到的教育结果，如"使学生……""帮助……""培养……""促进……"等；二是从儿童的角度，指明儿童通过学习应获得的知识，如"知道……""理解……""运用……"等。一般来说，在一次具体的艺术教育活动中，每个条目的目标表述应保持角度一致，从而保证目标设计在形式上整齐统一。

（6）目标要纯粹

在一个教育活动方案中，活动目标要纯粹，避免将一些活动的"手段"或"途径"的内容混入活动目标中。例如，"通过染纸活动，体验染纸的乐趣，表达同伴间的友爱""在观察、操作、品尝和交流中，进一步发展儿童的观察力和表述能力"中的"通过……""在……中"的句式，虽然交代了目标实现的具体背景，有利于避免目标的空泛，但却丧失了活动目标在逻辑上的纯粹性。

## 三、学前儿童艺术教育活动过程的设计

学前儿童在参加集体艺术教育活动的过程中，开始时通常表现得松散无序、缺乏明确的目标，需要教师的引导来吸引他们的注意力，"唤醒"他们的意识。而随着活动的深入，他们的大脑活动由兴奋转入疲劳，注意力开始涣散，这时，需要教师调整活动的节奏和内容，使活动效果达到最佳。因此，教师设计集体艺术教育活动过程时要遵循儿童的心理规律，合理构建活动形式。

## （一）学前儿童艺术教育活动过程设计的原则

### 1. 重复中有变化

学前儿童的特点决定了他们通常是在简单的重复活动中获得发展的。在同一次活动中，使用重复的材料有助于提高儿童的熟练程度。但如果每次练习都是原样重复，就容易使儿童感到厌烦。因此，教师在设计艺术活动时，应注意在儿童厌烦之前对活动方式做一些改变，以通过增加新鲜感来吸引儿童的注意力。

### 2. 层层深入

无论是在同一次活动还是在不同的活动中，同一活动材料或同一水平的重复，都既不利于儿童发展，又不利于保持儿童的参与积极性。因此，教师必须按照系列方案设计的要求，事先考虑好如何提出层层深入、不断提高的教育目标。在每次进行重复练习前，教师应提出下一层次对儿童具有挑战性的努力方向（即儿童经过努力可能达到的有吸引力的目标）。

在每次重复练习后，教师应该给予积极的正面反馈，以帮助儿童清晰地了解自己努力的成果，增强他们继续努力学习的动力。

### 3. 动静交替

儿童生理和心理活动的重要规律之一就是"节律快"，他们疲劳得快，恢复得也快；注意力集中得快，转移得也快。因此，集体艺术教育活动设计必须遵循材料活动多变化和动静活动多交替的原则，以确保儿童在一定时间内能够有比较全面的学习体验。

## （二）学前儿童艺术教育活动过程的结构

### 1. 单段式结构

单段式结构是指教师围绕新教授的活动内容来组织安排活动过程，以唤醒儿童与新知识有关的已有知识和经验，激发儿童的兴趣，集中他们的注意力，然后再逐层递进地引导他们进入新内容的学习活动中。

这种结构形式不仅能够为学前儿童提供知识迁移和用旧经验进行探究的机会，同时也使新经验的形成更加有效，从而使儿童在获得新知识的同时，也能够培养内在感知和构建知识框架。

### 2. 三段式结构

三段式结构是指将艺术教育活动分为开始、基本和结束这三个部分。这种组织形式符合儿童的生理和心理活动变化规律，具有很强的实用性。

（1）开始部分

在开始部分，教师通常安排复习性质的内容，如儿童熟悉的乐曲、上一次的绘画作品等，以集中儿童的注意力，一般时间不应太长，几分钟左右即可。

（2）基本部分

开始部分结束后，儿童的情绪稳定，注意力集中，活动进入基本部分。这部分一般学习一些新乐曲、新知识等，是完成教育要求和任务的主要部分，时长占整个活动时长的三分之二。

这部分通常安排 2 到 3 项内容，如欣赏、创作、评价，或倾听声音、练习节奏乐、表演基本情节等。内容的安排要丰富多样、难易适当，还要注意活动过程动静结合，突出重点，保持学前儿童学习的主动性。

（3）结束部分

一般来说，基本部分的最后一项内容可以自然过渡到结束部分，教师也可以专门选择律动或舞蹈动作来结束活动。结束部分的作用是帮助儿童放松和消除疲劳，从而使整个活动对儿童来说达到唤醒、恢复和调整的效果。

# 第二节　歌唱活动的设计

## 一、幼儿歌唱活动的形式与目标

### （一）幼儿歌唱活动的形式

不同的歌唱表演形式可以表达出歌曲不同的演唱效果，也丰富了幼儿歌唱表现的形式。在幼儿的歌唱活动中，可以根据参加歌唱者的人数及合作、表演方式的不同，将歌唱的形式分为以下几种：①独唱，独唱是指一个人独立地歌唱或独自表演唱。如歌曲《恭喜恭喜》。②接唱，接唱是指将一首歌曲分成几个乐句，由幼儿分组轮流一句句接唱。③对唱，对唱是指个人与个人、小组与小组之间以问答的方式各自唱歌曲中的问句和答句。如歌曲《小朋友想一想》。④齐唱，齐唱是指两个或两个以上的人在一起整齐地唱同一首歌曲，这也是幼儿园集体唱歌活动的一种最主要形式。如歌曲《新年好》。⑤领唱，领唱是指在一个人或几个人唱歌曲中比较主要的部分，集体唱歌曲中配合的部分。如歌曲《小鸟小鸟你真好》。⑥轮唱，轮唱是指两个声部按一定时值的间隔先后开始唱同一首歌曲。如歌曲《欢乐颂》。⑦合唱，合唱是幼儿歌唱学习中的重要音乐体裁，是指两个不同声部相配合的集体演唱形式。如歌曲《柳树姑娘》。

### （二）幼儿歌唱活动的目标

1. 歌唱活动总目标（见表 3-1）

表 3-1　歌唱活动总目标

| 认知目标 | 情感与态度 | 操作技能目标 |
|---|---|---|
| 能正确感受、理解歌曲中歌词和曲调所表现的内容、情感和意义<br>能用自然，好听的声音进行歌唱活动，体验歌唱的快乐 | 喜欢唱歌，喜欢用歌唱的方式体验与他人交流的快乐<br>愿意在集体歌唱活动中与他人相协调 | 掌握一些最基本、最初步的歌唱技能（咬字、吐字、呼吸等）。在用歌唱的方式与他人交往时能自然运用脸部表情和身体动作表情<br>能以自己独特的方式创造性地进行表现与表达歌唱活动 |

2. 歌唱活动年龄阶段目标（见表 3-2）

表 3-2　歌唱活动年龄阶段目标

| 小班阶段目标 | 中班阶段目标 | 大班阶段目标 |
|---|---|---|
| 吐字基本清晰、旋律节奏准确（音域在 $c^1 \sim g^1$ 之间）、歌唱姿势正确<br>能够初步理解和表现歌曲的形象、内容和情感，感受到歌唱的速度、力度、音色的不同 | 吐字清晰、歌唱姿势正确旋律（音域在 $c^1 \sim a^1$ 之间）与节奏等准确 | 能够用歌唱的嗓音（区别于说话嗓音）和正确的姿势唱歌，歌词发音清晰、旋律（音域在 $c^1 \sim c^2$ 之间）与节奏准确 |
| 在有伴奏的情况下，能够独立地、基本完整地唱熟悉的歌曲<br>能够跟着歌曲的前奏整齐地开始和结束<br>喜欢自己唱歌或者喜欢跟他人合唱，善于倾听自己歌声与他人、琴声的一致性<br>能够即兴唱无意义的音节或歌词。并能做到吐字、旋律、节奏的清晰、准确 | 在教师的引导下，对速度、力度、音色等进行运用<br>在有伴奏的情况下，能独立而完整地演唱，并初步学会接唱和对唱<br>喜欢自己歌唱，并且能大胆在集体中表演<br>集体歌唱中，能保持自己的音色协调<br>能够编创新歌词并唱出 | 对于速度、音色、力度的变化有一定的控制力，并且能较为恰当地表现不同性质、风格歌曲的意境<br>能无伴奏歌唱，包括领唱、轮唱、齐唱、合唱（两声部）等<br>能独立歌唱或者在集体面前尝试不同的表演形式展开歌唱活动<br>喜欢自发的即兴唱歌，能创编歌词进行演唱，并乐意为未完成的歌曲或旋律创编答句 |

## 二、幼儿歌唱能力的发展与培养

### （一）幼儿歌唱能力的发展

1．音域

2 岁以前的儿童还谈不上音域发展问题。2 岁以后的儿童音域约在 $c^1 \sim g^1$ 范围之内。

3 到 4 岁儿童唱起来最舒服、最轻松的是在 $d^1 \sim g^1$，总的音域一般为 $c^1 \sim a^1$。

4 到 5 岁儿童音域一般为 $c^1 \sim b^1$。

5 到 6 岁儿童音域一般为 $c^1 \sim c^2$。

由于学前儿童的音域发展存在着个体差异，所以在幼儿园的集体音乐教育活动中，应着重注意帮助儿童唱好 $c^1 \sim c^2$ 这个音域范围内的音。

2．节奏

3 岁以前儿童的歌唱节奏意识较为模糊，但是已经有这方面音乐学前教育的教学理论与实践指导的意识显现。

3 到 4 岁儿童所唱的歌曲，节奏比较简单，多为四分、八分、二分音符所构成。

4 到 5 岁的儿童能掌握四分、八分、二分，以及切分节奏。

5 到 6 岁的儿童能够较好地掌握带附点音和切分音节奏歌曲的演唱，在节拍方面，也往往能够准确地表现 2/4 拍和 4/4 拍的歌曲节奏，同时对三拍子歌曲的节奏及弱起节奏也有了一定的理解和掌握。

3．歌词

从胎儿降生到 4 个月，偶尔能发出一些"咕咕""咯咯""唉依"等咿咿呀呀的学语声和试图通过自己的动作去制造一些有趣的声音。6 到 9 个月的婴儿随着身体的生长和不断地练习发出各种声音，他们的声音逐渐地呈现出唱歌的特征。到了 1 岁半，孩子便开始准备正式学唱，歌唱和说话正在逐步从嗓音游戏中分化出来。2 岁以后，儿童开始逐步完整地唱一些短小的歌曲或歌曲片段，但由于他们对歌词含义的理解十分有限，听辨和发出语音的能力也较弱，所以发音错误的情况十分普遍。

3 到 4 岁的儿童已经能够较完整地掌握比较简短的句子或较长歌曲中的相对完整的片段，但是，也会发音错误或将不熟悉的歌词用他们所熟悉的语音代替，会在唱歌时将不熟悉或记不住的字词省略掉。

4 到 5 岁的儿童能比较完整、准确地再现熟悉的歌曲中的歌词，唱错字、发错音的情况相对较少。

5 到 6 岁的儿童对词义的理解能力也进一步提高，在歌词的发音、咬字吐字方面表现得更趋完善。

4．旋律

3 岁以前幼儿的歌唱一般被称为"近似歌唱"，即他们的音准较差，所唱出的旋律只是大致接近原来曲调的旋律。

3 到 4 岁的儿童会出现"说歌"或者"走调"现象。

4 到 5 岁的儿童对旋律的感知、再认能力已逐步提高，对音准的把握能力有了一定的进步。一般在乐器或在成人的带领下，大多数儿童都能基本唱准旋律适宜的歌曲。

5 到 6 岁儿童的旋律感发展，特别是音准方面的进步很大，他们不仅能够比较准确地唱出旋律的音高递进，而且对级进音、三度跳音或音域范围内的四五度跳音也不会感到有太大的困难。

5．呼吸

3 岁以前的儿童肺活量很小，一般都是一字一顿，或者是一个乐句没有唱完就需要换气。

3 到 4 岁的儿童，能够逐步学会使用较长的气息，一字一换气、一字一顿地歌唱的情况逐步消失。

4 到 5 岁的儿童对气息的控制能力有了进一步提高，对间奏、前奏等能引起注意。他们的换气也是按照老师的指导，学习按乐句的呼吸与情绪的需要来换气。

5 到 6 岁的儿童对气息的控制能力较中班又有了进一步的提高，能够按乐曲的情绪要求较自然地换气。

6．协调一致

3 岁以前的儿童因为缺乏协调一致的意识和能力，所以他们在与成人共同唱歌时，多数都是成人有意识地与他们相一致。在集体歌唱时，3 岁的儿童还不会相互配合，到了 3 岁后期，儿童基本上能与集体相一致，能在集体歌唱时同时开始和结束，初步体会到集体歌唱活动中协调一致的快乐。

4 到 5 岁的儿童在唱歌时协调能力有所提高，能懂得在速度、力度等方面与集体协调一致，并能协调地进行分唱、齐唱等。

5 到 6 岁儿童歌唱协调能力大大加强，不仅能够在速度、力度等方面与集体协调一致，在音色方面也能够做到与集体协调一致。对各种演唱形式产生兴趣，创造性歌唱表现意识明显增强。

总之，随着儿童年龄的增长及歌唱活动经验的不断积累，幼儿的歌唱音域、呼吸、协调等均有一定程度的发展，歌唱技能也有显著提高。了解儿童歌唱能力的发展，有助于我们选择歌唱教材及指导歌唱活动过程，使我们更好地做到因材施教，促进儿童健康发展。

**（二）幼儿歌唱能力的培养**

1. 基础能力的培养

（1）姿势

歌唱姿势是获得优美声音的重要前提，也是保证所有发声器官、共鸣器官正常运转的前提条件，在幼儿歌唱教学中，主要强调身体正直、肩膀放松、两眼平视以及手臂的自然下垂。

（2）呼吸

教师需要教幼儿气息的准备、吸入、保持等内容，特别要强调一次性吸入足够的气息并保持住，在使用时，应该有节制、缓慢地利用，也要告诉幼儿学会自觉地按照歌曲的句逗换气，不要因换气而切断了词意。

（3）发声

发声的前提要保证嘴巴自然张开以及下巴放松，在幼儿尚未学会喉部放松自然地发声以前，不要轻易地要求幼儿大声唱，这不仅有利于保护幼儿的嗓音，也便于幼儿能够在根据歌曲表情的需要，在歌声需要渐强、渐弱，运用音量、力度的变化去表达歌曲的思想感情时，能够有伸缩回旋的余地。

（4）音准

音准是歌唱的一项基本要求，是必备的条件，也是幼儿园歌唱教学的难点。音准的获得主要来源于教师的范唱以及乐器发出的乐声，教师在教学过程中应该强调幼儿先学会倾听，再让其模仿音高，甚至教师可以在这个过程中增加动作辅助，例如音阶的模唱中，教师可以用手的高低来表示音阶的级进，幼儿也能直观感知音的升高与降低。

（5）协调一致

协调一致是指在集体的歌唱活动中，儿童能够掌握一些正确地与他人合作的技能。具体表现在歌唱时不使自己的声音突出，在不同歌唱表演形式中，能够做到准确地与他人、其他声部相衔接，保持在音量、音色、节奏等方面的协调，以及声音表情、脸部表情和动作表情方面的和谐一致。

（6）咬字吐字

汉语语音有声母和韵母之分。一般歌声的延长主要依靠韵母，韵母能使歌声流畅并富有色彩变化，因此，韵母的发声准确对于歌唱的表情有着非常重要的作用。而声母的发声则要根据歌曲的性质而有所不同。

（7）表情

幼儿歌唱中，很容易出现过度的身体摇摆等不合适的动作，因此，教师主要要求幼儿在歌唱中保持轻微的身体动作和自然的面部表情，而不要过分做作或强加不适当的表情动作。

2. 乐感的培养

（1）节奏感的培养

节奏感是指对歌曲材料中的节奏和节拍的感知和表现。利用歌曲材料对幼儿进行节奏感的培养，可以通过以下几种形式。

①运用身体动作

身体动作的参与是帮助儿童感知和表现节奏的最直接方式。随着歌唱活动的进行，教育者应根据儿童的年龄和动作难度逐渐增加，贯彻循序渐进的教学原则。首先由自由节奏过渡到均匀节奏，然后由均匀节奏过渡到旋律节奏、伴奏节奏、双层节奏，最终到达节奏动作表演等级。

②运用视觉

这里的视觉主要是指图片等材料，用幼儿喜欢的动物形象标记在图片上，帮助幼儿感受和表现歌曲的节奏。

③运用嗓音

在歌唱活动中运用嗓音对幼儿进行节奏感的培养，是目前比较普遍且有效的一种教育形式。其中常用的有音节歌唱游戏、语言节奏朗诵。

音节歌唱游戏即指在歌唱活动中，利用各种单音音节、双音音节或多音音节、象声词等填入歌曲中，替换原来的歌词，让儿童边唱边做简单的动作、游戏来培养和训练节奏感。

语言节奏朗诵是指用有趣、易记的字、词、句、短语或简单的儿歌，配上歌曲的节奏进行朗诵来培养儿童的节奏感。它是学前儿童比较喜欢的一种节奏练习活动。

（2）音色感的培养

①运用嗓音

用嗓音来增强音色的表现是比较直接有效的一种方法。如歌曲《我爱我的小动物》，在演唱不同小动物的叫声时，应该用不同的音色处理：小牛的叫声是沉闷的；小鸡的叫声是细细的；小狗的叫声是有力的；小猫的叫声是柔和的；小猪的叫声则是粗粗的，等等。通过嗓音的模仿来表现各种常见的不同音色，更有利于对歌曲情感的表达。

②运用视觉

在歌唱活动中，利用视觉表象与听觉表象的相互类比，可以帮助儿童体会用恰当的音色来表现特定的歌曲材料。如画一只大狗熊，儿童会运用类比思维想象歌曲的音色可能是粗粗的、厚厚的、重重的；画上一只小蝴蝶，则会想象成比较轻快、细柔的声音等等。

（3）旋律感的培养

①运用嗓音

在歌唱活动中，经常把唱旋律唱名作为一种有趣的音节游戏，这种方式不仅可以在反复的练习中刺激儿童的听觉，以形成正确的音高概念，而且能促使儿童自觉地将唱名与所听到的歌曲旋律匹配起来，也为儿童日后的记读乐谱打下坚实的基础。教师可以有选择地对某些歌曲进行移调歌唱练习，例如，《学做解放军》原是 F 调的，可以尝试着移至 D 调进行演唱。同时，在移调过程中教师经常重复使用正确的描述乐音高低的术语，也能从一个侧面帮助儿童形成正确的声音高低概念。

②运用听觉、视觉和动觉的协同配合

这一点内容在论述幼儿歌唱的基础能力中已经有所体现，例如音阶模唱就是听觉与视觉的结合，在这里还可以加上一定的肢体语言，辅助幼儿形成正确的旋律感。

（4）速度感和力度感的培养

教师可以向儿童出示较直观的视觉图，使儿童将图与歌曲材料相匹配，从而选择恰当的速度和力度来表现歌曲。

3. 创造能力的培养

（1）为歌曲创编动作

边唱边动是幼儿歌唱时最常见的现象，也是幼儿年龄特点的集中表现。歌曲《小花狗》，歌词浅显、生动，对动作有很强的暗示性，小班或中班幼儿能根据歌词内容编出简单的表演动作——两手放在头上做小狗耳朵，依歌曲节奏招手；蹲在小椅子边，拍手；两手放在嘴边，做啃肉骨头的动作等等。

（2）为歌曲创编歌词

为歌曲创编歌词对儿童的音乐认识能力以及创造意识和能力的培养大有益处，而且大大增强幼儿享受、体验音乐的乐趣，同时也能增强他们歌唱活动的积极性、主动性。如《我爱我的小动物》则很容易引发出"小狗""老牛"等新的歌词。

（3）为歌曲创编伴奏

为歌曲配伴奏有多种多样，可以用手拍出歌曲的节拍，可以用手拍出歌曲的节奏，可以用手拍出新的节奏型，甚至还可以配上不同的节奏乐器为歌曲伴奏，以此来丰富和提高歌曲的艺术表现力。

## 三、幼儿歌唱教学的方法

### （一）教唱法

幼儿歌唱中的教唱法常用的主要有分句教唱、整体教唱和识谱教唱三种方式，教师在选用方法时，要根据各种方法的优缺点进行使用，或者结合使用。

### （二）歌词导入法

歌词导入法一般运用在歌词具有一定的文学性或者具有一定的叙事性的歌词中间，然后结合旋律的学习，歌曲的学习往往能事半功倍。

### （三）节奏导入法

节奏导入法一般选用节奏鲜明，或者具有一定代表性意义的节奏导入课程，然后再结合旋律、歌词等内容，使幼儿比较容易掌握歌曲内容。

## 四、幼儿歌唱教学的实践

### （一）幼儿歌唱教学的设计

1. 教师熟悉、分析教材

教师首先必须熟悉歌曲，在反复练习的基础上能够达到熟练地背唱，并且能够通过声音的强弱、快慢、音色、呼吸等各种技巧来准确、生动地表现歌曲的情感和内容。

其次，教师还必须学会分析教材，内容包括：歌曲的主题思想；歌曲的性质、思想情绪和特点；歌曲的音乐形象。除此之外，教师还要掌握歌曲的重点和难点，并结合儿童的实际情况设计教法与使用的教具。

最后反复练习歌曲，熟练背唱和伴奏，做好歌唱的感情处理，能正确地表达歌曲的性质特点和表达的音乐形象。

2. 导入新歌

创造条件让儿童在未学歌之前先对歌曲内容有个初步的感性认识。如游戏时、餐前等场合，都可以让儿童听到要学习的乐曲。

3. 范唱

范唱是老师把新教材正式介绍给儿童的过程。教师的范唱不仅应有正确的唱歌技巧，如正确的姿势、呼吸，清楚的吐字，准确的旋律与节奏、适当的表情等。

4. 学唱新歌

教唱新歌的方法多种多样，如前面介绍的教唱法、节奏导入法、歌词导入法等，教师可以根据歌曲的特点和本班儿童的年龄特点灵活选用。

5. 复习歌曲

在教新歌的过程中有着反复练习的成分，在运用时，应避免单调的重复练习，要增加新的要求，使幼儿的演唱水平得到提高。

复习歌曲的组织形式有独唱、集体唱、部分幼儿唱等。独唱，使每个儿童都具有大胆地在别人面前唱歌的能力。集体唱能够造成一种欢乐的气氛，增加唱歌的兴趣。部分幼儿演唱可以使儿童轮流得到休息，并养成仔细倾听别人唱歌的良好习惯。部分儿童演唱还能够满足儿童表达自己情感的愿望，以及愿意在别人面前唱歌的心理要求，锻炼儿童唱歌的能力。

**（二）幼儿歌唱活动的基本模式**

1. "教师示范—幼儿模仿—反复练习"的歌唱活动模式

①教师以幼儿感兴趣的方法引出主题。②以清晰可感知的方式让幼儿整体感知歌曲。③用整体感知的方法教学前儿童学唱新歌。④采用各种不同的演唱组织形式练习歌曲。⑤利用学会的歌曲进行表现与表达活动。

对于小年龄的儿童来说，模仿学习占有主要地位。运用这种模式时应重点考虑在模仿学习过程中怎样降低幼儿的认知难度，提高他们的学习兴趣。

2. "教师引导—幼儿探索—创造性表达"的歌唱活动模式

①教师用幼儿感兴趣的方法引出主题。②让幼儿初步掌握歌曲的一段歌词，能初步跟唱。③启发幼儿在改变歌词中的部分歌词的同时，进一步熟悉旋律。④鼓励幼儿进一步探索新的歌唱方式。⑤鼓励幼儿用自己的方式即兴地表现与表达。

"教师引导—幼儿探索—创造性表达"的歌唱活动更能体现时代的精神。探究的过程中幼儿不仅获得了知识，而且也获得探究的态度和方法以及乐观向上的性格特征。教师要有意识地在歌唱活动中让学前儿童通过发现、转换、组合、领悟等活动，去培养学前儿童的学习能力和探究精神，获得探究的快乐。

3. "教师唱歌—学前儿童游戏—逐步熟悉"的歌唱活动模式

①设计游戏情景，激发幼儿参与歌唱活动的愿望。②教师用自己的歌声指挥和配合幼儿开展游戏活动。③在游戏过程中逐步要求或鼓励幼儿唱出歌曲中的个别词句。④停止游戏活动，让幼儿在比较平衡的状态下跟随教师整体演唱歌曲。⑤继续开展游戏活动，使幼儿对新歌的掌握逐步达到熟练和完善。

采用这种模式进行歌唱活动时，教师应注意：当幼儿产生参与歌唱活动的愿望时要及时鼓励他们主动加入歌唱活动，不能过分强调玩游戏而忽略学前儿童唱歌的要求。另外，要掌握好活动中静与动的时间分配，以免幼儿在歌唱活动中产生乏味的感觉，或过于兴奋而出现大喊大叫的情况。

# 第三节　韵律活动的设计

## 一、幼儿韵律活动的类型与特点

### （一）幼儿韵律活动的类型

1. 律动

律动是指在音乐伴奏下的韵律动作。它可以分为基本动作（儿童在反射动作的基础上发展起来的日常生活动作。如走、跑、跳、拍手、点头、屈膝、晃手等）、模仿动作（儿童模仿特定事物的外在形态和运动状况所做的身体动作）和舞蹈动作（经过多年文化积淀已经基本程式化的艺术表演性动作）三种。

2. 舞蹈

根据幼儿舞蹈的目的和作用，幼儿舞蹈可分为自娱性舞蹈和表演性舞蹈两大类。自娱性舞蹈分为集体舞、歌表演等形式，表演性舞蹈分为情节舞和情绪舞两种形式，在学前阶段，儿童舞蹈的表现形式主要有以下几种。

（1）集体舞

幼儿集体舞是一种集体娱乐的歌舞形式，参加的人数不限。幼儿在规定的位置、队形上，做简单统一、相互配合或自由即兴的舞蹈动作。一般应当选用短小歌曲或在音乐的伴奏下进行。

（2）邀请舞

邀请舞是集体舞的一种变形，通常由一部分儿童作为邀请者，与被邀请者跳完一遍以后，可以互换角色再继续跳舞。

此外，还有独舞、双人舞、表演舞等形式，这些形式要求高超的舞蹈技艺，这里不作论述。

3. 音乐游戏

音乐游戏是"音乐"与"游戏"的结合，但是二者的关系是紧密相连、相辅相成的。游戏动作能够帮助幼儿更好地理解音乐，而音乐则能指挥、促进、制约游戏活动。

### （二）幼儿韵律能力发展的特点

1. 0 到 3 岁幼儿韵律活动能力发展特点

孩子从出生到 6 个月期间，对于周围环境的声音还不是很敏感，到了 1 岁半时，婴儿能对周围的节奏性音响做出反应。

一般说来，2 岁左右的儿童能自如地行走、爬、滑、滚、拍、推、拉等，在此基础上还能做一些较细小的动作：如敲小鼓的动作、用嘴吹的动作等。到 3 岁左右，大多数儿童基本掌握了拍手、点头、摇头、晃动手臂，用手拍击身体部位等非移位动作，并能伴随着节奏鲜明的音乐自发地点头、跳跃、转圈、摇摆等。

3 岁的幼儿在合作方面还比较欠缺，这个时期他们往往以自我为中心。

2. 3 到 4 岁幼儿韵律活动能力的发展特点

3 岁初期，儿童听到喜爱或熟悉的音乐时，往往会自发地跟着音乐踩脚、拍手，但这种身体动作并不能做到完全合拍。

3 岁以后，儿童的动作逐步进入了初步分化的阶段，能够做一些拍手、踩脚的动作，而且也能模仿动物、人物、事物的动作及形态。

3 到 4 岁儿童在合作方面依然比较欠缺，还不善于运用动作与同伴进行合作。

3. 4 到 5 岁幼儿韵律活动能力的发展特点

4 到 5 岁儿童动作的协调性有了进一步的提高。这不仅表现在能够合拍地跟着音乐节奏做动作（2/4 或 4/4 拍），而且与音乐相协调的动作显得更为自如，不再似以前显得紧张、僵硬，其节奏的均匀性、稳定性也更加明显。同时，儿童还能够在同一首音乐的转换处以不同的动作节奏加以表现。

4. 5 到 6 岁幼儿韵律活动能力的发展特点

5 到 6 岁儿童能做一些诸如"采茶"的动作，模仿成人缝衣服的动作等。上、下肢配合协调，能做上下肢联合的较复杂的动作，如"新疆集体舞""绸带舞"，由此可见他们的动作已经更精细化了。

5 到 6 岁儿童在合作方面的能力已经得到提升，对于音乐的创造力也表现出一定的美感。

## 二、幼儿韵律教学的内容与要求

### （一）幼儿韵律教学的内容

1. 节奏活动

（1）人名节奏

幼儿依次边打节奏边说自己的名字，也可以由第一个幼儿说第二个幼儿的名字，第二个幼儿说第三个幼儿的名字，以此类推，最后一个幼儿说出第一个幼儿的名字。幼儿边说名字，边打节奏，无论是两个字的单名，还是三个字的双名，都可以表现出丰富、生动的节奏。

（2）儿歌节奏

儿歌是幼儿园语言教育活动的一种重要形式。在韵律活动中，儿歌以它自身特有的节奏魅力显现出独特的风格。一些节奏鲜明、形象生动、朗朗上口的儿歌更是语言节奏练习的好材料，很受幼儿欢迎。

（3）人体动作节奏

在音乐活动中，学前儿童常常用身体动作来表现音乐作品，以表达自己的情绪和情感，正如瑞士音乐教育家达尔克罗兹认为的，人们对音乐的感受不仅反映在心理上，同时也反映在身体上。因此，在学前儿童的韵律活动中，我们可以引导学前儿童通过人体这个天然的打击乐器，发出许多种美妙的声音，例如拍手、拍肩、拍腿、跺脚、捻指、弹舌等，有许多歌曲运用这些形式来帮助学前儿童进行人体动作的节奏练习。

2. 幼儿律动

幼儿律动的动作来源于舞蹈、音乐游戏中难度较高的动作，或者是客观世界中人物、动物、事物的动作和姿态的模仿。

幼儿园律动的内容一般分为两种：一种是模仿动作，另一种是把音乐游戏或舞蹈中比较困难的动作抽出来单独练习。包括以下几个方面。

律动音乐应该节奏鲜明，形象性强，能引起学前儿童活动的兴趣和愿望。律动音乐不必一个动作固定一首曲子，可用情绪、风格相类似的曲子交替使用，以帮助幼儿从整体上把握音乐的性质，提高对音乐的感受能力。例如，鸟飞的动作就可以选用不同的曲子，可以是 2/4 拍或 4/4 拍。也可采用"一曲多用"的方法。所谓一曲多用，是指曲调不变，但音区、节奏、力度、速度都加以改变以表现不同的形象。例如，原来是普通走步的音乐，但提高几度音并加上许多跳音就适合做兔跳了；如果降低音区，放慢速度，增强力度，又可变成熊走的音乐；如果再改为三拍子，移到高音区，用轻柔的力度弹奏，似乎又可用作鸟飞或蝴蝶飞的音乐了。

3. 幼儿舞蹈

幼儿舞蹈的动作内容主要包括以下三个方面：①简单的上肢舞蹈动作如两臂的摆动、手腕的转动等。②基本舞步，如踮步、进退步、跑跳步、滑步、跑马步、华尔兹步、小跑步、踏点步、踏跳步、后踢步、秧歌步等。③简单的队形变化。

教师用简单明了、生动有趣的语言向学前儿童介绍舞蹈的名称。通过反复、仔细倾听音乐旋律，并引导学前儿童分析作品的旋律特点，可用有节奏的体态（如点头、拍手、跺脚等）来表达自己对音乐的节奏、节拍、力度、速度以及情绪的感受和理解。启发学前儿童根据自己对作品的理解创编动作。

教师可根据学前儿童创编情况，进一步对学前儿童进行舞蹈动作的教授。简单动作整体教（学前儿童可模仿老师的动作，在和老师一起练习的过程中逐步掌握舞蹈动作）、复杂动作分解教、不同角色分别教（在舞蹈中出现不同角色时，可把这些角色分开来教，然后再合起来随音乐练习）。

一般情况下，在教授舞蹈动作时先不要考虑队形的变化，在学前儿童基本上掌握了舞蹈动作后再教授队形的变化。

最后，随音乐进行完整练习。这是学习舞蹈的最后一个环节，为了增加孩子的兴趣，可以运用一些道具、饰物进行表演，以渲染气氛，使整个舞蹈教学活动在生动、活泼、富有感染力的氛围中结束。

4. 音乐游戏

音乐游戏主要是以发展学前儿童的音乐能力为主要目的的游戏活动，在听听、唱唱、跳跳、玩玩等自由愉快的游戏中，培养儿童音乐感受力、表现力和创造力。音乐游戏在提高儿童交往、合作和自控能力等方面有着不可忽视的作用。

**（二）幼儿韵律教学的要求**

1. 幼儿园韵律活动的总要求

幼儿园韵律活动的总要求主要是从参与、体验、创造三个方面进行体现的，其主要要求见表 3-3。

表 3-3 幼儿园韵律活动的总要求表

| | |
|---|---|
| 韵律活动的<br>总体要求 | 能够感知、理解动作所要表现的内容<br>能够运用空间因素进行创造性动作表现<br>能够理解道具在韵律动作表现活动中所起的作用<br>能够理解音乐在韵律活动中所起的作用<br>能够协调音乐与韵律动作<br>能够与他人合作表演<br>能够探索和运用道具进行韵律活动表现<br>能够与他人合作开展韵律活动<br>能够自如运用身体动作进行再现性和创造性表现 |

### 2. 幼儿园韵律活动的具体要求

幼儿园韵律活动的具体要求见表 3-4。

表 3-4 幼儿园韵律活动具体要求表

| 年龄班 | 具体要求 | 备注 |
|---|---|---|
| 小班 | 能按音乐节奏做简单的上肢和下肢的大动作，并能随音乐的变化而变动作<br>　学会一些简易的基本动作，模仿动作<br>　学习简单的歌表演、集体舞蹈和音乐游戏 | 　　根据小班幼儿韵律动作能力发展的特点，为小班幼儿选择韵律动作时，开始应分别以上肢或下肢的大动作为主，稍后再选用一些上下肢联合性的动作，但不能复杂。上肢的大动作如拍手、叉腰、挥动手臂。下肢的大动作如走、跑、跳。联合性的动作如边走边拍手，边跑边平举双臂做开飞机状，边跳边上举屈肘做兔跳或青蛙跳，边小碎步移动边双臂上下摆动做出小鸟飞等<br>　　小班幼儿应掌握的基本动作有拍手、点头、扭腰、摆臂、走步、跑步、踩脚、蹦跳步、踏步等。模仿动作有日常生活中的睡觉、起床、穿衣、刷牙、洗脸、洗手、梳头等动作，模仿成人劳动的有开火车、开飞机、开汽车、拔萝卜、绕毛线等动作，模仿动物的动作有鸟飞、猫走、兔跳、小鸡吃米、小兔游水等动作，其他的有打鼓、吹喇叭、开枪、开炮、拍皮球、骑木马等律动<br>　　歌表演是边唱边表演，它实际上是小班幼儿的舞蹈。集体舞是幼儿用来自娱和交谊的集体性的舞蹈形式。集体舞不受队形限制，集体做同一动作，可站成单行圆圈，由一个或几个幼儿站在圈中做邀请者，小班幼儿可选择简单的集体舞。另外，在为小班幼儿挑选音乐游戏时应考虑到角色鲜明，情节有趣，动作相对简单，使幼儿易学、爱玩，能吸引所有孩子都参与到音乐游戏中来 |

| 年龄班 | 具体要求 | 备注 |
|---|---|---|
| 中班 | 能够按音乐节奏做上下肢联动的小动作，并能随音乐变化较自如地改变动作<br>学会一些稍复杂的模仿动作，基本舞蹈动作和集体舞。并喜欢参加音乐游戏，初步体验创编一些简单韵律动作的乐趣<br>在歌表演方面，要求中班幼儿在歌唱时能配以形象的动作、姿态和表情，来表达自己对歌曲内容的理解和感受 | 中班幼儿可掌握的模仿动作，如洗手绢、摘果子、乘飞船等动作；模仿动物的动作有大象走、小狗跳、青蛙捉虫、小鸭戏水、蝴蝶飞舞、小熊走等，稍复杂的基本舞步有踵趾小跑步、踏点步、踏跳步、垫步等 |
| 大班 | 能较准确地按音乐节奏做一些较精细、稍复杂的韵律动作<br>学习表演具有创造成分的、队形有变化的舞蹈，音乐游戏和韵律动作组合 | 在小、中班的基础上，要求大班幼儿做一些比较精细的动作，如织布、挤奶、织渔网、缝衣服等动作，能比较随意地根据需要变化上肢和躯干的动作速度和幅度，如骑马、划小船等，还能做出更加复杂、更加协调的联合动作，如孔雀开屏、天鹅跳舞、龟爬、猴耍等，也能做一些复杂的舞步，如跑跳步、进退步、弹簧步、十字步、跑马步、华尔兹步等。对于大班幼儿教师可选择一些富有创造成分的、动作稍复杂并且队形有变化的舞蹈以及一些音乐游戏、韵律组合供幼儿练习 |

## 三、幼儿韵律教学的实践

### （一）学前儿童韵律活动的准备

1. 做好活动准备工作

（1）物质准备

准备好活动中要使用的教具和学具、道具、音像等辅助性材料；熟练背唱韵律活动所用的歌曲或音乐的旋律唱名，并能用动作准确地表现音乐的性质特点和音乐形象。

（2）经验准备

教师根据乐曲特点和学前儿童的动作发展水平，在活动前帮助学前儿童获得一些直观、感性的经验以降低学前儿童的认知难度。

2. 分析教材

①分析活动中音乐材料的性质、情绪、突出的表现手法及乐曲的结构。

②分析动作材料中基本动作、动作组成的因素以及队形的变化和学前儿童掌握这些动作的程度等等。③了解学前儿童实际的韵律动作水平和能力。

**（二）学前儿童韵律活动的基本模式**

1．"教师示范—儿童模仿—反复练习"的韵律活动模式

①用容易引起儿童学习兴趣的方法引出主题。②用容易让儿童清楚感知的方法反复示范新的动作或动作组合。③用让儿童容易接受的方法分析讲解动作要领或动作组合的结构等。④用较慢的速度带领儿童做动作或动作组合。⑤采用各种不同的练习组织形式，不断地调动儿童的积极性，让儿童在反复练习的过程中，逐步达到熟练掌握。此设计方式适合舞蹈基本动作的教学。

2．"模仿—创造性发展"的韵律活动模式

①直接提出主题或在引导儿童回忆有关经验的基础上提出主题。②通过示范、模仿、练习的方式教儿童学习基本动作，或者把儿童创编的某个动作作为基本动作。③教给儿童某种变化基本动作的方法，并组织儿童跟随音乐练习他们在基本动作基础上创造出来的各种新动作。④教给儿童某种组合动作的方法，并引导儿童用集体讨论的方法根据音乐创编动作组合。⑤带领儿童跟随音乐将创编出的组合连贯起来表演。⑥让儿童进行独立的连贯表演。

3．"引导—探索—创编"的韵律活动模式

①引导儿童观察有关的真实事物或在回忆与活动有关经验的基础上提炼出主题。②让儿童根据自己的观察或回忆创编有关动作。③组织儿童倾听、分析、体验音乐，并组织儿童用讨论的方法，将自己创编的动作与音乐进行合理配置。④让儿童按讨论的结果随音乐做动作。⑤根据儿童表现的情况，组织儿童相互观摩，并把儿童创编的动作进行整理和归纳。⑥找出儿童创编动作中好的范例，让儿童根据自己的意愿，随音乐自由借鉴吸收。

# 第四节　打击乐活动的设计

## 一、幼儿打击乐活动的常见乐器及教学目标

### （一）幼儿打击乐活动的常见乐器

1. 旋律乐器

（1）电子琴

电子琴有立式和便携式两种。因便携式电子琴体积小、易于携带，可供学习和演奏两用，因而受到普遍欢迎。便携式电子琴又分为玩具琴、练习琴、演奏琴三大类，其中，演奏琴的音色最为优美，模拟乐器声音逼真，和弦伴奏更为丰富，幼儿园通常使用的是这一类型琴。

（2）铝板琴

铝板琴是有固定音高的打击乐器。它由长短不一的铝板条或钢片组成。每根音条上刻有音名，按照基本音级顺序排列，固定在一个梯形木制共鸣箱上。这种打击乐器配有一把橡皮头的音槌或金属小槌，可以通过直接敲击音条发音。它具有单槌击、双槌轮击、滚奏、刮奏等多种演奏技法，音色清透、响亮，被归类为色彩性乐器。

（3）木琴

木琴是有固定音高的打击乐器。由长短不一的硬木条按音的高低顺序排列组成，配有一对木槌。靠敲击音条发音，可用单槌单击，也可以双槌轮击、滚奏、刮奏等奏法，音色清脆、响亮，弱奏时又柔和、甜美，属色彩性乐器之一。

（4）自制乐器

近年来，一些幼儿园为了培养幼儿的创造性思维和动手能力，还充分利用废旧材料自制打击乐器。例如，他们将废旧的易拉罐和塑料瓶里装一些沙子，可制作成沙锤和沙筒，用树杈、塑料瓶盖、铁皮瓶盖制作成棒镲，用竹板制成响板等小型打击乐器。还用用奶粉桶做成的架子鼓、编钟等大型打击乐器。总之，只要使用声音悦耳且安全的材料，都可以制成给幼儿使用的打击乐器。这不仅丰富了

打击乐活动的教材，还培养了幼儿的创造能力和动手能力。

2．强音乐器

（1）大鼓

大鼓是常见的强音乐器，其发声主要靠鼓槌，力度、位置不同产生的声音也不同。

（2）钹

钹一般有铜合金制成，其发声主要靠撞击、摩擦，其音色响亮，有较长的延续音。

（3）单面鼓

因只在鼓框架一面蒙羊皮而得名，装有一手柄，使用时一手握鼓柄，一手握鼓棒，敲击鼓面中心部位发声。

（4）镲

一对用铜合金制成的小圆盘，中央微凸，靠撞击或摩擦发音。相互撞击发声，音色响亮，有延续音。演奏方法较多，同钹。

（5）锣

锣一般由铜合金制成，有大小之分，靠锣槌敲击发声。

3．弱音乐器

（1）腰铃

用金属制成的小铃均匀地固定在皮条或布条上，戴在幼儿腰上，随幼儿摇晃、跳动引起振动发音。声音清脆明亮，音色柔和。

（2）串铃

用金属串成的马蹄形（或半圆形、棒形等）的若干个小铃，音色较碎，音量较小。靠敲击、摇晃或抖动引起的振动发音，也可左手握串铃，右手拍击左手背使其发声。

（3）三角铁

三角铁一般用绳子悬挂，由一种形状如等边三角形的钢条围成，发声时主要靠金属棒的敲击。

（4）碰铃

幼儿园普遍运用的乐器，由两个金属制成的小铃构成，相互撞击发声，其音色清脆，是打击乐器中的高音乐器。

（5）沙筒

筒形壳内装铁砂，有手柄，两只一副。使用时双手各握一只，上下抖动，让铁砂筒内滚动，发出声音。

（6）棒镲

三根细长木棒，中间一根较长连手柄，两旁短棒之间嵌有几副金属小镲片，也有的是用木片或木板制成，称为板镲，是木制与金属的混合音响乐器。使用时右手握柄，左手拍击右手，使镲片互击并碰击木框架发声，音量小。也可两手各握一只，摇动发出声响。

（7）沙锤

沙锤一般在塑料、椰壳中填充沙子或者颗粒物，晃动而发声。

4．特色乐器

另外，还有一些特色乐器，如双响筒、铃鼓、蛙鸣筒、圆弧响板、木鱼、手拍板等。

**（二）幼儿打击乐教学的目标**

1．幼儿打击乐演奏活动总目标

根据《幼儿园教育指导纲要》的要求，从认知、情感与态度、操作技能三方面提出幼儿打击乐器演奏活动的总目标（见表3-5）。

表3-5　幼儿打击乐演奏活动总目标

| 认知目标 | 了解、掌握打击乐的基本知识（名称、演奏等）<br>初步辨别各种打击乐器的音色特点<br>掌握一些常见的简单节奏型并进行表现<br>理解指挥手势<br>懂得有关保护乐器的意义和简单知识 |
|---|---|
| 情感与态度目标 | 喜欢参与打击乐演奏活动，并努力追求参与打击乐器演奏的快乐<br>喜欢在集体奏乐活动中与他人进行交往与合作，能够注意并努力追求集体奏乐活动中的声音和谐与情感默契，积极体验并享受与他人合作演奏的快乐<br>对乐器的演奏方法进行探索，能掌握、运用各种不同音色、不同节奏型的简单变化规律，进行创造性的表现活动 |
| 操作技能目标 | 能够演奏常见的打击乐器，并奏出和谐、美好、有表现力的音响。能够在乐器合奏中追求音响的协调<br>发放、使用、收取乐器的过程中能够正确按有关保护乐器的要求做 |

2. 幼儿打击乐器演奏活动的年龄阶段目标

各年龄阶段幼儿打击乐器演奏活动的具体要求见表3-6。

①由两片贝壳状木块，中间用松紧带连接构成。靠敲击引起的振动发音，其声音与木鱼、双响筒很相似，但由于共鸣腔较小，所以声音也更脆、更亮、更短。演奏时可用单手捏合的方法使两板撞击发音；也可将其放在左手手心，用右手向下拍击发音。

②用木头刻制，类似鱼状，中空，在头部开口，用木制敲棒敲击，发音清亮干脆，几乎没有延续音。演奏时一般是左手握住木鱼的"尾部"，右手持敲棒敲打"鱼头"的顶部。

③一片带有手柄的长方形木板前后各放一片长方形的小木板在带有手柄的长木板中部用松紧带连接构成，靠摆动碰撞引起振动发音。音色与响板相似，声音短促、清脆、明快。单手演奏。

### 表3-6　幼儿打击乐演奏活动年龄阶段目标

| 小班阶段目标 | 了解乐器的名称并初步学习辨别其音色特征 |
|---|---|
| | 能够用乐器为简单、短小的二拍子和四拍子歌曲或乐曲进行伴奏，能在集体中合拍地随简单歌曲或乐曲齐奏 |
| | 能够运用恰当的力量演奏，并对部分打击乐器的演奏方法有一定掌握 |
| | 了解指挥手势（开始、结束） |
| | 了解并遵守打击乐器演奏活动中的一些基本规则，能按要求将乐器取放在合适的位置 |
| 中班阶段目标 | 已经对打击乐器的名称、音色有一定的了解 |
| | 初步体会配器中的音色对比，并能够尝试 |
| | 能够编配二拍子、三拍子、四拍子的歌曲伴奏，能在集体中合拍地随简单歌曲或乐曲齐奏 |
| | 进一步学习打击乐器的演奏方法，如沙球、圆弧响板、小钹等，并获得美的、协调的音响效果 |
| | 能在合奏、齐奏中保持自己的乐器演奏节奏与速度 |
| | 能够使用固定节奏型伴奏 |
| | 能够自觉遵守集体打击乐器演奏活动的一些常规（收放乐器、爱护乐器等） |
| 大班阶段目标 | 初步掌握配器中音色、音量、节奏型的配置方案 |
| | 使用一种以上的节奏型为歌曲伴奏 |
| | 进一步学习木鱼、双响筒、三角铁等打击乐器的演奏方法能随音乐演奏打击乐，并乐意风箱自己的演奏方法 |
| | 能在齐奏、合奏中稳住自己的速度，控制自己的音色 |
| | 能按指挥的手势比较迅速、正确地开始、结束和变化演奏遵守打击乐演奏活动常规 |

## 二、幼儿打击乐能力与教学内容

### （一）幼儿打击乐能力

1. 0～3岁幼儿打击乐器演奏能力的发展

事实上，人生来就具有一定的节奏感，如人体本身的呼吸、脉搏跳动、走步等，初生婴儿之所以在母亲的怀抱里会感到安静、踏实，就是他能感受到母亲有规律的心跳节奏；婴儿入睡时，听到母亲哼着摇篮曲并伴随有节奏的轻拍或摇睡床的声音睡得更安详、甜美。

2～3个月的婴儿对发出有节奏响声的"摇摇响""拨浪鼓"感兴趣；4～5个月的婴儿拿到有响声的玩具时，会时而拍打、时而摇动。1岁左右的婴儿在走步、跺脚、拍手或拍打玩具时，就开始显示出其节奏感的趋势；1岁半到3岁的幼儿尝试、探索声音的范围不断扩大，主动性更强烈，经常会自发地去敲击身边一切能发出声响的物品，如积木、纸盒、锅、碗、盆等等，会随音乐而挥动手臂，扭动身体或拍手，会敲打玩具，力求合上音乐的节拍。渐渐地，幼儿在这种积极探索的过程中，幼儿获得了最初通过摆弄物体来制造声音的经验，发展起了最初步的有关长短、高低、轻重、音色等概念。

2. 3～4岁幼儿打击乐器演奏能力的发展

3岁的幼儿在教师的引导下，一般能够逐步掌握一些主要用大肌肉动作来演奏的打击乐器，学会较简单的演奏技能，如铃鼓、串铃、碰铃、圆弧响板、大鼓等。其中，最容易掌握的是铃鼓和串铃的演奏方法，对响板的拍奏和双手各持木柄碰铃的击奏也能较好掌握。由于碰铃的体积较小，需要双手各持一个进行撞击，对手眼协调能力有一定的要求，因此掌握起来相对稍困难一些，尤其是穿起来的碰铃会更难一些。他们能够初步学会按照需要调整演奏所需的力量，奏出比较适中的音量和比较好的音色。但是，乐器的操作、探究能力会因为小肌肉尚未完全发育而受到影响。

在随乐能力方面，3岁幼儿稍微有些欠缺，但是，在良好的教育影响下，3岁末期，大多数的幼儿能够做到基本合拍地随音乐演奏，并能从与音乐相协调一致的活动中得到快乐。

对于3～4岁的幼儿来说，在演奏过程中使奏出的音响与音乐相协调一致是有一定困难的。他们的动作发展和自控能力都较差，因此，要体会集体奏乐活动中各声部之间的相互配合和协调当然有一定的困难。但是，让孩子通过同一种乐器的演奏，初步体会到与别人同时开始、同时结束的基本合作要求，还是切实可行而有效的。在教师的引导下，他们可以学会在演奏时与大家一起整齐地开始和结束，能够初步理解简单的指挥手势，愿意在演奏活动中用积极的情感和态度与他人沟通、配合。别人指挥时，他们能面带微笑，与指挥者相互注视，并将身体前倾表示更乐于接近对方等。

3. 4 至 5 岁幼儿打击乐器演奏能力的发展

4 至 5 岁的幼儿能够掌握木鱼、蛙鸣筒、小锣、钹等打击乐器的奏法，并且开始探索同一种乐器的不同演奏方法，而且能掌握演奏技巧稍高的一类打击乐器，如铃鼓的晃、摇，以及沙球的震、击等。在乐器演奏的过程中，他们对乐器音色、力度、速度的调整和控制能力也有所提高。

4 至 5 岁幼儿一般都能够基本合拍地演奏 2/4、3/4 和 4/4 拍的歌曲或乐曲。他们还能够与同伴一起开始和结束演奏，在多声部的演奏中，能处理好自己声部与其他声部之间的协调关系，懂得要始终注意指挥的手势。他们也能够掌握一定的打击乐作品，而且还能够在教师的提示和引导下，学会用一些基本节奏型语汇表达音乐，为歌曲选配一些简单的节奏型。

4. 5 至 6 岁幼儿打击乐器演奏能力的发展

5 至 6 岁的幼儿已能演奏一些使用小肌肉操作的乐器，因此使用和掌握的打击乐器种类更多，能力也更强。他们能使用手腕带动来演奏的乐器，如三角铁、双响筒等等。在演奏过程中，这个阶段的幼儿会更有意识地去控制和调整用力方式和用力强度，奏出所需要的音量和音色。他们对于同一种乐器的演奏方法更为丰富和细化，喜欢并能够用更多的方式探索同一种乐器的不同演奏方法，例如使用捏奏法演奏响板，用摇奏的方法演奏铃鼓等。

5 至 6 岁的幼儿表现得更为主动和积极，他们在运用节奏、音色、速度、力度来进行创造性表现的热情和能力也越来越强。不仅体现在积极参与为乐曲选配合适节奏型的配器方案的讨论，会改变演奏方法或者将两种以上的不同音色混合起来，产生音色变化，同时，还表现在探索打击乐器的制作和更主动、积极、大胆地尝试参与即兴指挥等方面。在 6 岁末期，幼儿甚至可能学会用即兴指挥的方式来表现自己设计的演奏方案。

在随乐性水平方面，这个阶段的幼儿能跟着音乐进行齐奏和合奏，也能在音响的协调上进行尝试。

**（二）幼儿打击乐教学的内容**

1. 打击乐器演奏的常规

打击乐器演奏的常规包括活动开始、进行、结束，是幼儿园打击乐教学中极为重要的组成部分。

2. 打击乐器演奏的简单知识技能

打击乐器演奏的知识技能包括对乐器的了解、演奏方法掌握、配器技能、指挥知识技能，乐器与乐器演奏在前面已经论述，这里不再赘述。

（1）配器

幼儿打击乐的配器可以通过以下三个方面来展开。

①音色对比

知道如何按乐器的音色给乐器分类。如碰铃、三角铁等音色都较明亮、柔和；串铃、铃鼓等，摇奏时都有一定的毛糙感、波动感；圆弧响板、木鱼、手拍板、双响筒、蛙鸣筒等，音色都较干脆、坚实；铝板琴、木琴、电子琴等带有音高；大鼓音色沉着、厚实，锣、钹、镲等音色较为尖锐、粗糙和带有撕裂感，通常单独使用。

②音色的搭配

在配器中，如要制造强烈的效果，可在乐曲高潮处用较多的乐器齐奏，可用大鼓、大钹或其他可摇响的乐器持续猛烈摇奏等。制造热烈欢快的音乐形象也适宜选用铃鼓、大鼓、锣、钹等强音乐器。如要制造轻快、柔和的效果，可用响板、串铃等乐器演奏；如要制造优美、抒情的音乐效果适合选用音色清亮、有延音的三角铁、碰铃等柔和地弱奏；如制造轻盈、跳跃的音乐形象适宜选择声音清脆、响亮的木鱼、蛙鸣筒等，也可用可摇响的乐器轻柔地持续摇奏，如铃鼓、串铃等。总之，乐器的选配要考虑到乐器的音响特点与音乐形象、情绪、风格相适应、相协调，这样才能够更好地表现出乐曲的特点。

③节奏的对比

幼儿可以掌握的节奏包括二分音符、四分音符、八分音符等，节奏型的选配可以采用固定的均匀的节奏型，也可以是歌曲或乐曲本身的节奏。具体的开展的内容可以是强弱对比、力度对比、高低音量对比等。而且，教师在选择配器方案时首先要考虑到幼儿的实际能力，其次要考虑乐曲的具体情况，既要体现丰富多样，又要贯穿对比统一的原则。

（2）指挥知识

幼儿打击乐活动中的指挥知识运用，重点如下。

指挥姿势要准确，以便灵活转动身体指挥各声部。

指挥时身体略倾向于被指挥者，激发被指挥者的合作热情。

学习如何开始、结束、击打、轮流、交替等手势。

必要时，可以模仿乐器演奏的动作进行指挥。

指挥时，尽量用手势、目光进行指挥，少用语言指示。

3．打击乐曲

打击乐曲有两种：①纯粹的打击乐曲，这种乐曲本身就是由打击乐器来演奏，或者专门为打击乐器创作的。②器乐曲或者歌曲也是打击乐曲的来源，也经常被采用，对这些作品进行配器就可以使用。

4．打击乐器记谱法

常用的打击乐器记谱法主要有图形记谱法、语言记谱法和动作记谱法三种。由于用图形、语音、动作等符号记录设计的配器方案谱子比较直观，内容简单明了，因此，目前大多数的学前教育机构已经普遍使用。

（1）图形记谱法

主要是用不同的图形来表现配器的记谱法。设计时可以使用几何图形、形象化图形或者其他图形、图片，要注意颜色的运用。

（2）语言记谱法

主要是用语言表现配器的记谱法。所用的语言应该选用能够激发幼儿兴趣的，容易上口并容易记忆的词语或者句子，也可以使象声词或无意义的音节。

（3）动作记谱法

通过使用不同动作来表现配器的记谱法。可以使用舞蹈动作、身体动作（如拍手、拍腿等）模仿动作。在节奏较密集的节奏型上，应该安排简单的动作，这样幼儿才容易掌握。

### 三、幼儿打击乐教学的实践

#### （一）欣赏音乐

欣赏音乐主要就是让幼儿熟悉音乐要表达的主要内容和曲式结构特点，感受音乐的速度、力度变化，节奏快慢的变化，音乐风格和情绪的变化。

#### （二）教学活动的导入

在集体的打击乐器演奏活动中，活动的导入部分对激发幼儿的活动兴趣和顺利开展活动起着非常重要的作用，常见的导入方法有：故事导入（该方法主要适用于具有更多形象或情节描写性的打击乐作品）；韵律活动导入（该方法主要适用于打击乐的韵律活动曲）；歌唱导入（该方法主要适用于适合打击乐的歌曲）；总谱学习导入（该方法主要适用于原配器创作比较复杂、精美、完善的打击乐作品）；总谱创编导入（这种方法主要适用于原设计比较单纯，可以让幼儿有更多创造性表达机会的打击乐作品）；音乐欣赏导入（该方法主要适用于原创意本身比较复杂、精美、完善，更值得让幼儿欣赏或更值得来教幼儿学习怎样欣赏的音乐作品）；主要声部导入（该方法适用于本身含有主次两个部分，其主要部分本身比较复杂、精美、完善的打击乐作品）；主要声部创编导入（这种方法适用于本身含有主次两个部分，其主要部分比较单纯，可以让幼儿有更多创造性表达机会的打击乐作品）。

#### （三）介绍乐器的名称和使用方法

教幼儿观察乐器的外形特征，先让幼儿探索乐器如何发声以听辨乐器的声音特点之后，再由教师统一讲解各种打击乐器的使用方法。

#### （四）空手练习

教师应该带领幼儿以各种节奏动作（拍手、捻指等）练习各种乐器，以及各个声部的节奏型，帮助幼儿尽快掌握各种节奏。待整齐之后再过渡到使用乐器阶段。

在这个过程中可以采用分部练习和分段练习的方法。分部练习是指幼儿按各自不同的演奏谱各声部分组练习，初步掌握以后再两组或更多组结合起来练习。分段练习是指有的打击乐曲具有不同对比乐段，可以让幼儿分段掌握，进行一段一段的练习。

需要注意的是，长时间的空手练习会大大降低幼儿学习的积极性和主动性，而且会减少幼儿在集体练习打击乐器的过程中的乐趣。同时，还会丧失让幼儿感受乐器不同音色和不同音响特点在合奏中产生何种效果的机会。如果中、大班的幼儿已经具备足够的节奏和演奏经验，也可以省略这一过程。

### （五）随音乐打击乐器

随音乐打击乐器主要可以从三个方面来练习：首先，可以分声部练习。按照曲谱的各声部分组练习，掌握节奏后逐步逐次递增一个声部，直到各个声部都可以结合在一起。其次，可以分段练习，最后是整体练习。

在幼儿随音乐打击乐器教育活动中，也可以适当尝试带领幼儿自编自演节奏乐曲。教师首先可以为幼儿选择他们十分熟悉和喜爱，又有明显特点，易于用节奏乐表现的音乐作品交给幼儿编演，包括幼儿平时唱的歌曲、欣赏的歌曲或乐曲、舞曲和游戏曲等。作品选定之后，教师要带领幼儿分析音乐的情绪和内容，在教师的有意识引导下师生进行充分的讨论，最后，教师将讨论的结果进行整理，并引导幼儿自己进行配器。

打击乐最容易打动人心，如果能够亲自动手敲打乐器，乐趣无穷。打击乐不仅是人类最早的音乐形式，也是最国际化、最便于沟通的音乐。作为学前教育工作者，应充分利用这一教育形式，提升幼儿的音乐素质，培养幼儿的音乐能力。

### （六）教学活动的空间处理

在打击乐器演奏活动中，声部音色的混响效果与幼儿座位安排的有序性都是活动整体审美效果的有机组成部分。因此，教师要科学地对各乐器组空间位置进行合适的处理。在常规的打击乐器演奏活动中，相同音色的一类乐器在空间处理时应集中安排在一起。例如，"碎响音色"组（铃鼓或串铃）、"圆润音色"组（碰铃和三角铁）、"脆响音色"组（木鱼、单双响筒、响板）、"混响音色"组（大鼓或大钹）。大鼓和大钹的音色主要是起混响作用的，应根据配器、指挥与幼儿的反应能力、水平等具体情况灵活处理。例如，如果它们的演奏与铃鼓声部的演奏完全相同时，可将它们安排在铃鼓组的后部或近旁；如果大鼓和大钹声部完全独立时，应该把它们安排在指挥的身边、身后或任何可显示其独立性的空间中；如果大鼓和大钹分开演奏时，可将它们分别安排在它们各自所加强的那个音色组所在的空间之中；而如果大鼓和大钹在相互交替配合演奏时，那么它们在空间处理上应该安排在一起。

# 第五节  音乐欣赏活动的设计

## 一、幼儿音乐欣赏活动的内容与过程

### （一）幼儿音乐欣赏活动的内容

1. 倾听周围环境中的音响

倾听声音是幼儿必须具备的一个非常重要的基本技能，也是对幼儿实施音乐教育的基本出发点，更是培养幼儿听觉敏感性和开展音乐欣赏的前提和基础。

作为教师，要有意识地利用各种场合和时间，借助游戏的形式去培养幼儿的听力技能。引导幼儿乐于倾听、善于倾听生活中美妙的声音，并以自己喜欢的方式表现出来，从而为音乐欣赏活动奠定基础。

具体途径可以通过以下几个方面。

（1）倾听人体声音

教师与幼儿面对面坐在一起，让幼儿模仿教师发出的各种各样的声音，如拍手声、捻指声、弹击声、拍腿声、跺脚声、脚跟脚尖声、轻快的跳动声和各种噪声等。

（2）听周围的声音

倾听活动室可能听到的声音（走路时皮鞋发出的声音、撕纸、翻书的声音、教师弹琴的声音等）；庭院、活动场上可能听到的声音（大雨哗哗声、脚踩积雪声、风吹树枝摇动的声音、跳绳的声音、枯木折断的声音、小朋友跑步的声音等）；公园、郊外游玩时听到的声音（玩具枪发出的声音、水波相互击打的声音等等）。

（3）倾听日常用具的声音

教师可以利用日常生活中的用具发出的声响，来训练幼儿的倾听能力。可以让幼儿辨别两个声音特质不同的物品（如钥匙串和木棒），随后可让幼儿闭上眼睛仅靠听觉辨别哪一样东西在发声。教师也可以制作常用发声用具的图片，幼儿根据教师发出的声音，找出相应的图片。

（4）记忆声音

利用身体的各个部位，教师发出几种不同的声音（拍手、拍肩、拍腿、跺脚等），让幼儿按照顺序模仿。教师还可以躲到屏风后面，或者背对幼儿，重复这一游戏。

2. 欣赏音乐作品

可以欣赏优秀的中外少年幼儿歌曲。如《嘀哩、嘀哩》《摇篮曲》《小人书不要哭》《铃儿响叮当》《飞飞曲》等，这些歌曲的歌词形象具体，幼儿可以借助歌词理解和记忆音乐。

教师也可以选用钢琴教材以及其他器乐教材的一些旋律优美、体裁短小，但音乐形象鲜明、有典型特点的小曲子，例如《跳绳》《小鸟的歌》《生病的小娃娃》《扑蝴蝶》等。也可以选用中外著名音乐作品或其中的片段，如《动物狂欢节》《四小天鹅》等。还可以直接让幼儿欣赏大型无标题的器乐作品。

教师还可以选用专门为幼儿创造的音乐童话片段，例如《龟兔赛跑》《彼得与狼》等，教师也应该对该类作品的故事性和情节性进行一定的陈述，使幼儿对音乐的理解得到进一步加强。

**（二）幼儿音乐欣赏活动的过程**

1. 初步欣赏

初步欣赏的主要目的是引起幼儿对该作品的注意，激发他们对该作品的兴趣，使幼儿能对该作品有一个较为全面的、完整的认识。

其主要开展手法有利用动画片、引导性谈话、教师演示以及运用直观教具。教师在运用时，一定要有明确的目标，同时语言要简洁而具有启发性。

2. 重复深入地欣赏

重复深入地欣赏主要建立在反复听的基础之上，其主要目的旨在幼儿能对该音乐作品的内容和情绪性质有较为深刻的认识。同时，也能帮助幼儿记住一些作品中的主要音调，而且能够深化作品中的一些重要细节，使幼儿能更深层次的掌握作品。

3. 复习、检验音乐欣赏的效果

音乐欣赏的效果离不开复习，复习的目的在于巩固幼儿对音乐作品的音响印象。而检验音乐欣赏的效果则主要依赖幼儿对音乐作品的记忆、对音乐作品的理解程度，以及对音乐作品的喜好程度等评价内容。

在评价的过程中，教师可以不告诉幼儿音乐作品名称，让他们欣赏已经听熟的作品，并观察幼儿的反应。当幼儿对欣赏的乐曲感兴趣，能感受和理解时，通常会表现在他们能够聚精会神地把音乐听完，也表现在他们的脸部表情、身体的姿势以及手脚的动作上。此外，他们可能会情不自禁地说出一些相关的语句。

## 二、幼儿音乐欣赏能力的发展与培养

### （一）幼儿音乐欣赏能力的发展

1. 0 至 3 岁幼儿音乐感知能力的发展

妊娠期的第三个月，大多数胎儿对外界的声音刺激都有感觉。婴儿出生后，母亲的心跳声、讲故事声、唱儿歌的声音，以及母亲轻柔的哼唱声都能让婴儿感觉舒适、宁静，甚至安然入睡。在生命最初的几个月中，婴儿不仅能够专注地倾听周围环境中的音乐声音，还能够区分它们。6 个月的婴儿开始试图模仿所能听到的声音，想从"接受者"逐步过渡为"参与者"。

一般说来，1 岁之前的婴儿对音乐听觉感知和反应是较缓慢和不太精细的。但是，2 个月左右的婴儿就能区别铃声或门声，有高低音的反应；3 个月左右，能从生活中各种声源里区分出人的声音，尤其是母亲的声音，并有可能区分出彼此相距八度音程的音调高低；到了 6 个月左右时，能对音乐声音做出反应，会连续地晃动身体，并且还能对大三度和小三度的音程有所辨别，对音乐旋律轮廓的变化有所反应。随着年龄的增长，婴儿对外界环境中的各种声音和音乐的反应、听辨和分化能力进一步发展。他们不仅能分辨声源，分辨不同音色，还能够区分四度和五度音程，还会对自己喜欢的音乐认真倾听。到了 2 岁左右的幼儿不仅会对歌曲感兴趣，而且还喜欢用自己的玩具、自己的声音或物体创造自己的音乐。

2. 3 至 4 岁幼儿音乐欣赏能力的发展

3 至 4 岁的幼儿已经能够从周围生活环境中倾听和寻找声音，已经开始逐步自发地注意听他们所喜欢的音乐，并分辨其速度、力度、音高等特点，但在感知音乐变化上还不够稳定。这一时期的幼儿还不能很容易地理解音乐作品的不同情绪性质，但已有了对音乐情绪性质的初步感受。

3 至 4 岁幼儿对音乐的表达常常运用身体动作，通常他们也爱摆弄乐器、敲打物品，使物体发出声音来引起别人注意，并喜欢用不同于其他人的身体动作来表达自己对音乐的感受。

3. 4 至 5 岁幼儿音乐欣赏能力的发展

4 至 5 岁的幼儿听觉能力已经有了很大提高，能辨别声音的细微变化，如音乐中的渐弱、渐强、渐快、渐慢等；对不同体裁、性质、风格乐曲的分辨有了很大的提高，不仅能听出音乐在情绪上的明显变化，还能够感知到一些简单的曲式结构。同时，他们对音乐的理解能力也在不断增强，表现在能基本理解歌曲及有标题的器乐曲所表达的情绪和情感，可以借助于图片选择或动作做出正确的回答。例如，让中班幼儿欣赏蒙古族民歌《森吉德玛》，启发幼儿欣赏感受音乐以后，用简单的图画分别来表达听《森吉德玛》A、B 两段后的感受，有的孩子为 A 段画的图是：在辽阔草原上，有一只小小的蒙古包，门前是一只温顺的小羊；为 B 段作的画是一幅奔驰的群马图。可见，孩子们已经能够尝试运用不同符号系统中的表现语汇来创造性地表现音乐。

4. 5 至 6 岁幼儿音乐欣赏能力的发展

5 岁以后幼儿对音乐的听辨力更强，更具体。他们已经开始能够分辨一些较为复杂的器乐曲结构，以及音乐在情绪和性质方面的变化。能分辨音乐的性质、题材、风格，并能对同类音乐作品进行分析和归类。同时，在幼儿园良好的教育影响下，已经能够很好地理解歌词内容较复杂的歌曲，对器乐曲的理解能力也进一步增强，能够对音乐形象鲜明的同类音乐作品用较完整的语言或一定的故事情节来描述自己对音乐的感受。这一年龄段的幼儿在欣赏过程中有一定的个性、创造性表现，而且他们的表现更细致、完满，更具有艺术的审美情趣。

美国的戴维森曾经对 1 至 7 岁幼儿可能掌握的音调、音域等材料进行研究和分析。他发现，幼儿音域的空间是随着其年龄的增长而逐步扩大的，能够从最初的 1/3 音程发展到近八度音程。5 至 6 岁的幼儿已有记忆音乐短句和把重复出现的短句从各种不同旋律中辨别出来的能力。他们还具备了一定的体会、理解音乐中传递的情绪和情感的能力（如体验、理解音乐中较明显地表现出的愉快、悲伤、紧张等不同情绪、情感）。

**（二）幼儿音乐欣赏能力的培养**

1. 音乐感受能力的培养

（1）听觉注意力的培养

音乐是听觉的艺术，耳朵对音乐的感知训练需要有一个良好的环境和轻松的心情。同时，在选用音乐作品时，一定要选用符合幼儿身心发展的音乐作品，教师的谈话也要有一定的启发性，能够把幼儿的注意力吸引到音乐作品上来，为他们欣赏音乐作品创造一个能够集中注意力倾听音乐，能够和音乐作品产生情感共鸣的心境，使幼儿的心理状态与音乐作品的内容情感相适应。

（2）激发幼儿内心的真情实感

什么是幼儿内心的真情实感呢？在音乐欣赏过程中，常见的这类真情实感包括随着音乐节奏而摆动身体、表情出现变化以及发表议论。教师应该鼓励幼儿表达这些真情实感，从而使他们能够将对音乐作品的体验和感受充分表现出来。

激发的手段主要有欣赏前的提问，把他们的注意力集中在音乐作品上。也可以让幼儿发表评论，表达他们对作品在情感上的想法。

（3）音乐表现手段的培养

①力度

采用"回音"的方法让幼儿轻声模仿教师讲的一句话或唱的一句歌，通过自己的嗓音感受强弱。采用重步走、轻步走的方法掌握音乐强弱（音乐强时用较重的步子走，音乐轻时用脚尖踮着走），也可以采用图形或色彩等表示声音的强弱（在乐器上敲出两种不同力度的声音，一强一弱，让幼儿用图画表示出来）。幼儿可以画两个大小不同的圆圈、方形、三角形，或用两根长短不同的线条，或两个大小不同的动物图片，或两种深浅不同的颜色等来表示。鼓励幼儿自己创造更多的表现手法，以后还可以增加到强、中强、弱三种不同的力度。

②速度

可以采用走步、跑步的方法使幼儿体会乐曲速度。如弹奏进行曲《小兵》的曲调，幼儿随着音乐走步，然后将音乐的速度增加一倍。

③节奏

可以模仿各种声音，如交通工具声（汽车、火车）、动物声音、自然界的风声、雨声、雷声等。也可以唱一句歌词，后面加一个节奏型等方式使幼儿掌握节奏。

④旋律

教师弹奏不同旋律走向的乐句（从高音到低音的乐句表示"变矮了"，从低音到高音的乐句表示"长高了"），幼儿跟随音的高低做站起来长高，蹲下去变矮的动作。

（4）培养听辨人声和乐器音色的听觉感受能力

各种不同的乐器因其构造、发声的动力以及共鸣腔体的不同而形成乐器各自不同的音色特点。乐器的音色不同，其艺术表现力也不同。丰富的乐器音色具有丰富多变的艺术表现力，可以给人以多方面的美的享受。例如，引导幼儿欣赏大提琴独奏曲《天鹅》和小提琴独奏曲《春之歌》，帮助他们丰富听觉实践，提高听觉差别感受性。这两首乐曲旋律婉转动听，情感抒发强烈。在欣赏时，不必在内容情节上去强作解释，要侧重于引导幼儿感受作品的基本情感，听辨乐曲音色的特点。

音乐作品中常常用特定乐器演奏某一音乐主题，从而描绘特定的事物、人物或角色。例如，童话故事音乐《龟兔赛跑》（史真荣曲）就是用单簧管主奏小兔的音乐主题，它生动地刻画了小兔子骄傲活泼的艺术形象；同时，用大管主奏乌龟的音乐主题，则生动展示了乌龟谦虚勤恳的艺术形象，两种艺术形象的特点鲜明、生动，对比突出。这就需要引导幼儿听辨乐曲的音色特点，把握不同特点的音色所表现的不同的艺术形象，进而感受作品的基本情感，领略作品的艺术魅力。

（5）了解常见的音乐演唱、演奏形式

了解常见的音乐演唱、演奏形式有利于幼儿对丰富多变的艺术表现力的理解，感受不同的演唱、演奏形式展现出来的不同音响效果。

2. 音乐审美能力的培养

幼儿音乐审美能力的培养主要体现在引导幼儿感知音乐作品不同的情感类型、引导幼儿感知音乐作品不同的风格特点、选取最好的音乐作品、利用更多感知觉通道进行音乐感知等。

3. 音乐记忆力的培养

音乐是时间的艺术，培养音乐记忆力对于积累音乐作品曲目至关重要。在幼儿音乐记忆领域，教师应该选用形象鲜明、生动的乐曲，如果是器乐曲，则可以选用乐器音色丰富多变的类型，因为乐器音色越丰富，越能激发幼儿的兴趣，从而加强记忆。

另一方面，在欣赏前，提出一些带有启发性的问题，引导幼儿有目的地进行欣赏。在欣赏前采用生动活泼的方式和方法帮助幼儿理解和感受音乐作品的内容和情感。培养幼儿养成安静而专心倾听音乐的良好习惯也是帮助幼儿记忆音乐的有效途径。

## 三、幼儿音乐欣赏教学的实践

### （一）幼儿音乐欣赏活动的准备

1. 分析教材

一方面，应该根据幼儿的实际发展水平，选择合适的音乐教材，包括其中的重点、难点均要考虑在内。

另一方面，幼儿的音乐欣赏活动也应对音乐作品进行分析，包括旋律形态、节奏节拍特点、力度速度标记、曲式结构等，以利于幼儿能在倾听的过程中很好地掌握和理解。

2. 教学准备

在幼儿的欣赏活动中，教师要为本次活动做好充分的准备。这里主要提及教具的准备，教具常见的有唱机、图片、电源等，在放置时，应该放在幼儿视线范围之外，以免分散其注意力，同时又要放置在容易取到的地方。

### （二）幼儿音乐欣赏活动的基本模式

1. "从局部入手层层累加"的音乐欣赏活动模式

①从作品中找出最具有特色的某个动机，如一个节奏型、一个旋律动机、一个乐句或者一个乐段等，让幼儿集中进行感知体验。②再从这个动机开始，逐步让幼儿感知体验以该动机为核心的某个乐段的形象。③采用不同的方式，组织幼儿倾听其他乐段的音乐。④让幼儿感知、体验整个作品的形象和情趣。⑤在完整欣赏音乐的同时，组织幼儿进行创造性表达。这种活动设计模式适合一些含有独立而鲜明的主题形象的音乐作品。

2. "整体倾听，层层深入"的音乐欣赏活动模式

①用容易引起幼儿学习兴趣的方式引出主题。②在组织幼儿初次整体倾听的过程中，采用与其他艺术手段（美术、文学、语言、韵律活动）相结合的方式，

帮助幼儿感知和理解音乐。③提出问题和要求，组织幼儿讨论，进行再次整体欣赏。④运用与其他手段相结合的方法组织幼儿反复地整体倾听。⑤鼓励幼儿采用不同的方式进行表现与表达。这种设计适合结构比较紧密的音乐作品。

3. "一一匹配"的音乐欣赏活动模式

①让幼儿通过其他材料感知理解将要从音乐中感知体验到的形象、内容。②让幼儿分别倾听音乐的有关段落，并引导幼儿集体探索、讨论，将音乐和非音乐的材料一一相互匹配。③尝试用参与性、表演性感知体验的方法完整地欣赏音乐作品。

这种设计模式适合各段落间对比比较鲜明的音乐作品和比较强调性质辨别的音乐欣赏活动。

4. "整、分、整"的音乐欣赏活动模式

①教师运用容易引起幼儿学习兴趣的方式引出主题。②教师用语言并配合图片等直观教具向幼儿介绍音乐的主要内容。③让幼儿先完整地欣赏音乐作品。④进行分段欣赏，让幼儿感受和理解乐曲的各个细节部分。⑤组织幼儿谈论倾听的感受。⑥让幼儿完整欣赏音乐，并鼓励幼儿创造性地运用语言、动作、语言及图画形式，大胆地充分表达自己对音乐作品的感受。

# 第四章　学前音乐教育课程开发研究

## 第一节　幼儿园音乐教育活动理论

### 一、幼儿音乐、幼儿园音乐教育的概念分析

#### （一）幼儿音乐的概念

音乐是一种通过有组织的音响运动来创造音乐形象，表现感情思想，反映社会生活的艺术形式。它拥有独特的表现方式和意义，主要通过人类的听觉系统来传达信息，能够表现和传达文字和视觉艺术等其他形式无法传达的情感和思想，因此，音乐也被称为听觉艺术。音乐是人类社会最早产生的也是人类生活中必不可少的一种艺术形式，音乐教育关乎人类发展的基本问题。音乐的学习不只是对音高、节奏、旋律的掌握，而是一个获取更多领域知识的综合性学习过程，可以充分发展儿童的理解力、想象力和创造力，可以让儿童了解知识、技能、情感和感官之间的相互关系，最终达到教育的目的。

幼儿音乐是带有明显对象性的音乐，它反映了0到6岁幼儿的生活经验，表达了他们的思想和情感，体现了幼儿对音乐的感受、理解、表现和创造以及他们对周围世界的认知和情感体验。热爱音乐是幼儿的天性，幼儿满怀好奇和探究的心理来到这个世界，展现在他们面前的是五彩缤纷的图案和丰富多变的声音。美丽、鲜艳的色彩可以满足幼儿视觉的需要，而优美动听、欢快活泼的音乐能满足他们的听觉需要。幼儿音乐通过不同的形式给幼儿愉悦的感受，这些优美动听的声音，让他们的生活充满快乐，慢慢地，幼儿的音乐潜能就能得到激发。

#### （二）幼儿园音乐教育的概念及特点

幼儿园音乐教育是指教师有组织、有目的、有计划地通过音乐学科本身的情

感性、感染性、愉悦性的特点来引发幼儿的情感体验，从而让幼儿获得审美感受的教育活动。由于幼儿天性活泼好动，要求教育内容有更强的形象性、情感性，这种需求是由幼儿生理和心理发展的特殊性决定的，因此，幼儿园音乐教育的内容、方法和形式更贴近幼儿的天性，它们具有以下特点。

1. 想象性与创造性

音乐是对现实生活的反映，它通过想象性和创造性的艺术形象来表现自然界和社会生活。音乐虽然是流动的、非视觉的、依靠听觉来感知的，但它可以通过联想、表象、想象力，甚至创造等活动来构成有思想情感的、有审美价值的内容。3~6岁幼儿的思维主要是依赖于对具体形象事物的联想及对事物表象的拟人化想象而进行的。在幼儿音乐作品中，无论是歌曲还是器乐曲，都包含着鲜明的音乐形象，并通过这些形象反映幼儿所熟悉的生活和事物。幼儿通过对音乐的联想能够构建出生动的形象和栩栩如生的音乐画面，从而感知和理解具体的事物形态。在呈现音乐的过程中，可以通过图片的展示、语言的讲解、动作的表演等外在形式，帮助幼儿展开丰富的想象和联想，从而领略并体验音乐的意境。

2. 趣味性与游戏性

游戏是幼儿教育的基本方法，利用音乐的娱乐性引导幼儿在玩中学，在乐中学，把音乐教育寓于愉快的音乐感受和音乐表现之中。把"乐趣"作为对幼儿进行音乐能力培养及整体发展和教育的有效手段，可以更好地促进幼儿形成活泼开朗的特性以及积极向上、主动探索的精神。

幼儿音乐教育的趣味性和游戏性体现在内容、形式和方法上。幼儿园音乐教育的内容有歌唱、韵律活动、打击乐演奏、音乐欣赏活动等。音乐作品节奏鲜明、歌词富有童趣，还有许多的游戏，幼儿在听听、唱唱、跳跳、动动、玩玩的过程中获得愉悦的情感体验。

3. 表现性和感染性

音乐艺术的美不仅具体而形象，而且还具有很强的感染力，以情动人、以情感人、以情娱人是音乐艺术的魅力所在。音乐的感染力不仅体现在内容上，也不单纯表现在形式上，而是从内容和形式的统一中体现出来的。幼儿在接触音乐作品、学习音乐的过程中，通过感知音乐作品的艺术美，在情感上产生共鸣，从而形成对音乐作品及事物的是非、善恶、美丑初步的鉴赏和辨别能力。因此，让幼儿积极参与各类富有感染力、情绪性的音乐活动，不仅有助于丰富和深化幼儿的积极情感，还能对幼儿的思想意识、道德行为、情感体验和个性特征等方面产生潜移默化的影响。感染力也是音乐教育的特殊性之一。

4. 技能性和综合性

音乐是一门艺术，任何艺术都有与之相匹配的技巧。尽管早期音乐启蒙教育的目标不是为了培养专业音乐人才，但基本的音乐技能和技巧也是幼儿必须具备的音乐能力之一。技巧性是幼儿园音乐教育区别于其他学科教育的显著特征之一。因此，作为教师，需要运用一定的音乐技巧去启发儿童，为儿童示范、演奏，带领并指导儿童学习；儿童学习音乐、探索音乐必须有一定的音乐技巧作为基础，有了这些基本的音乐表达能力，儿童才能在听、唱、跳、奏等各种音乐教育活动中大胆地表现，积极地探索和创造。

综合性是指幼儿园音乐教育在形式、过程、方法上的综合。音乐教育活动通常包括歌唱、舞蹈、乐器演奏、游戏等多种形式的综合运用，同时还包括创作、表演、欣赏三位一体，以及示范法、语言讲解法、练习法、引导探索法等多种方法灵活变化，共同应用于幼儿音乐活动的实践之中。

## 二、幼儿园音乐教育活动目标的结构

根据《幼儿园教育指导纲要》（以下简称《纲要》）以及《3—6岁儿童学习与发展指南》（以下简称《指南》）中艺术领域的目标，以及我国幼儿音乐教育的实践，我们把幼儿音乐教育的目标分为认知目标、情感目标、技能目标。

1. 认知目标

认知目标表述的是幼儿音乐教育中各种有关的音乐知识，以及认知能力方面的发展要求。例如，"能正确地感知和理解歌曲中歌词和曲调所表达的内容、情感"；"能认识并辨别各种常用打击乐器及音色特点"等。

2. 情感与态度目标

情感与态度目标包括在幼儿音乐教育中幼儿情感的体验和表达能力的发展，以及对音乐活动的兴趣和爱好的发展。例如，"乐意参与音乐欣赏活动，体验并享受音乐欣赏过程的快乐"，"喜欢操弄打击乐器，喜欢参加集体的打击乐演奏活动"等。

3．操作技能目标

操作技能目标是指在幼儿音乐教育中幼儿运用身体动作进行音乐体验和表达的技能。例如，"能够较自如地运用身体动作进行简单的随乐动作表演"，"能够掌握一些最基本、最初步的歌唱技能"等。

## 三、幼儿园音乐教育活动的价值

### （一）音乐教育对幼儿身体发展的价值

1．促进大脑发育

音乐教育能促进幼儿大脑两半球机能的发展。人的大脑左右两半球的功能有一定的分工，大脑左半球负责语言学习、数字理解、概念构建、时间连续性感知以及分析性思维活动等。大脑右半球则负责音乐、图形感知、面孔识别、空间知觉、距离判断以及综合型思维活动。音乐和美术等以发展形象感知和思维能力为主的活动领域，能使幼儿大脑的潜力得到应有的开发，使其充分发挥整个大脑的工作能力。

2．提高运动能力

幼儿期是人体发展最迅速的阶段之一，运动对于处在这一时期中的幼儿具有特别重要的意义。与身体运动联系紧密的音乐活动也具有其特殊的价值。在各种伴随音乐进行的动作表演和乐器演奏活动中，幼儿可以锻炼身体各相应部分的大小肌肉、骨骼和韧带，提高神经系统反应的速度和协调能力，增强心肺等器官的耐受力。经常参加韵律活动的幼儿更有可能获得健美的体形、端正的姿态和良好的发育。歌唱活动对发音器官、共鸣器官和呼吸器官的发育起到了一定的促进作用。因此，我们可以有意识地利用音乐教育活动来促进幼儿的身体发展，提高他们的身体运动能力。

3．增进身体健康

音乐教育活动与幼儿身体健康之间存在另一种联系渠道是：科学的音乐教育活动可以给幼儿提供更多获得积极情绪体验的机会。而积极的情绪体验不仅是保证幼儿心理健康的重要基础，也是维护和增进身体健康的重要条件。因此，应该充分发挥音乐的作用，更好地促进幼儿身心和谐发展，提高他们的身体健康水平。

**（二）音乐教育对幼儿认知发展的价值**

1. 促进幼儿感知能力的发展

音乐是一种听觉艺术。音乐活动主要是借助听觉器官来进行的，幼儿阶段是听觉能力发展最迅速的阶段。众多的研究表明，学前期是培养听觉能力的最佳时机。因此，我们应及早为幼儿提供更多参与各种音乐活动的机会和环境，并有意识地引导幼儿进行听觉的感知和分辨活动。

2. 促进幼儿记忆能力的发展

音乐是在时间持续过程中展现其形象的，因此，音乐记忆能力直接影响个人感知音乐形象的能力。任何音乐的表演、欣赏或创作活动，都不可能脱离对音乐表象的记忆、再认和再现。一个人只有在能够对音乐进行记忆的基础上，才可能追踪音乐的发展，对音乐的形象进行审美感知。同时，音乐表演和音乐创作活动也都不可能脱离对音乐表现的记忆、再认和再现。幼儿的音乐学习和体验能增强他们记忆表象的能力。

3. 促进幼儿想象、联想、思维能力的发展

音乐教育对幼儿认知发展的促进作用还表现在其能够发展幼儿的想象、联想和思维能力。正如音乐活动离不开记忆表象一样，音乐活动也往往离不开想象和联想，它是幼儿沉浸于音乐活动之中并获得快乐的重要表现之一。幼儿对音乐的感知和理解通常具有明显的直观性和形象性，幼儿的音乐思维方式是以一种外化的、直觉的、整体的和形象的把握方式为主的。但音乐思维本身有形象思维，又有抽象思维。因此，教师有必要在音乐教育的活动中利用一切机会和手段来帮助儿童加深对音乐与音乐之间、音乐的整体与部分之间、音乐与其表现的客观事物之间以及音乐与主体的感知体验之间关系的把握和理解，逐渐培养幼儿对音乐的抽象概念。

4. 促进语言发展

一首好的歌曲往往又是一首好的诗歌。幼儿在大量接触优秀歌曲和有节奏的诗歌朗诵的过程中，不仅积累了音乐语汇，而且也扩大了词汇的积累，增加了对文学语言的理解和运用能力。语言学习也是一种听辨、记忆、再现声音符号的学习。教师在教儿童唱歌时，要求幼儿坚持正确地咬音吐字，会帮助幼儿养成口齿清楚的语言表达习惯。此外，音乐语言与口头语言同样具有高低、强弱、快慢、

声色变化等表情因素，在音乐活动中，教师有许多机会促进幼儿认识这些表情因素，这对提高幼儿的口语表达能力大有帮助。

音乐和语言都有节奏、句子，都有音调起伏，也都包含韵律和重复元素。经常倾听音乐可使幼儿的听觉更加敏感，学习歌唱还能够在喉部形成一种肌肉运动的模式，这对他们的口语能力也会产生积极的影响。

**（三）音乐教育对幼儿情感意志发展的价值**

1. 促进幼儿的情感发展

所谓情感，是指人的社会需要是否得到满足而产生的体验。它虽然无影无形、捉摸不定，但却伴随着人的认知活动而产生，同时又对认知的发展起到推动或阻碍作用。因此，培养积极的情感是教育的重要任务之一。音乐是通过旋律、音响等手段来表现人类最为细腻的心理活动和感情波动的艺术。音乐艺术的最大特点在于以情动人、以情感人，可以说音乐就是情感，没有情感就没有音乐。因此，通过音乐教育促进幼儿情感的发展，就成为音乐教育的本质目标之一。

学前期的幼儿正处于个人情感由低级向高级逐步发展的重要阶段。随着幼儿社会交往活动的日益增加，情感体验日趋丰富且逐渐细腻，富有情感性的音乐活动已逐渐成为促进幼儿情感发展的有效手段之一。音乐既能够帮助幼儿明确建构自己的情感，也能帮助幼儿与其他人进行情感沟通。一部好的音乐作品，一次成功的音乐教育活动，都能使幼儿产生对音乐的情感共鸣，培养和激发起幼儿良好的情绪情感。例如，幼儿学了歌曲《我的好妈妈》后，会激起对妈妈的热爱。此外，在音乐教育活动中，幼儿能广泛接触到表现不同情感和内容的音乐，从而使他们的情感世界逐渐变得丰富而充实。

2. 促进幼儿的意志发展

意志是人根据一定的目的对自己的行为进行激发、维持、抑制等调节的一种心理过程。音乐教育具有促进幼儿意志品质发展的潜力。这是因为音乐教育活动是一种有目的、有计划的实践活动，无论是学习歌唱还是乐器演奏，都需要掌握一定的音乐技能。对于幼儿来说，没有坚持不懈的刻苦精神和克服困难的勇气和意志，是无法达到一定目标的。另外，音乐教育是一种情感参与的活动，幼儿作为一个个体，不仅需要调控自己的行为以配合音乐，还需要协调自己与他人之间的关系，这样才能达到和谐统一。

### （四）音乐教育对幼儿个性发展的价值

所谓个性，是指区别于他人的稳定的、独特的、整体的特性。个性化作为幼儿人格发展过程的一个侧面，是个体在生理和心理上获得独立的过程，即自我确立和形成的过程。它强调的是个体的需要、特征、独特的权力、个人发展、自我实现以及个体在世界上的唯一性等等。

1. 促进个性意识倾向性的发展

音乐教育活动对幼儿个性发展的促进作用首先表现为能促进幼儿积极的个性意识倾向性的发展。在音乐学习活动中，幼儿不仅获得了认知、情感和音乐操作技能等方面的有效发展，还获得了快乐的体验，而且初步养成了对人和事物的积极态度。而这种积极态度、探究精神、创造力以及自信心在适当的条件下是培养积极人生态度的重要基础。

2. 促进自我意识的发展

音乐教育对幼儿个性发展的作用还表现为能促进幼儿自我意识的发展。所谓自我意识，是指个体对自己存在的感觉，即自己认识自己的一切，包括生理状况、心理特征以及与他人的关系等。在音乐教育活动过程中，幼儿对音乐的感受和表现正需要幼儿有意识地认识到自己的活动状况，有意识地调控自己的身体动作和活动与音乐协调一致。

### （五）音乐教育对幼儿社会性发展的价值

幼儿的社会性是在与周围人群的交往中发展起来的。音乐的重要功能之一就是提供幼儿人际交往的机会，满足他们的交往需求。成人与幼儿、幼儿与幼儿之间的音乐交往，可以给幼儿提供大量的交往机会和经验。音乐活动是一种有秩序的社会活动，它要求参加者学会按照一定的规则来活动，同时也要求参加者明确认识并自觉担负起一定的社会责任。音乐本身内在的节奏和韵律、合奏中各声部间的配合及律动、舞蹈中动作的编排、音乐游戏的规则等，都能使幼儿在一种愉快的且"不强迫"的形式下养成自愿遵守规则的习惯，从而塑造幼儿的自律性、责任感和自我激励的意识，而这些品质正是幼儿将来进入有秩序的社会交往活动所必须具备的基本素质。

## 第二节 幼儿园音乐游戏课程的开发与设计

### 一、幼儿园音乐游戏的概念

根据教育部颁布的《幼儿园教育指导纲要》幼儿教育游戏按照教学内容分类分为健康、科学、社会、语言、艺术等 5 大类。其中，艺术目标是指丰富幼儿的情感，培养初步的感受美、表现美的情趣和能力，包括乐器认知、声响音乐、戏剧表演等。伽达默尔通过分析游戏的重要特征认为，游戏活动的主体就是游戏本身。在幼儿园音乐教学中运用游戏的方法，儿童既能够获得探索和发现客观知识和规律的体验，同时能够获得欣赏美的事物的体验。

幼儿园音乐游戏是指在幼儿园音乐教育中，围绕幼儿需要了解和掌握的音乐学习相关知识，以及幼儿生理和心理特点，以音乐游戏为活动形式而展开的音乐教学内容。实际上，幼儿园音乐游戏是幼儿园音乐教学游戏化实践的理论概括。

音乐是情感的艺术，能够直接地抒发内心情感。音乐教育作为情感教育的一个重要内容，具有情感性、愉悦性、创造性、技艺性等特点。通过体验、鉴赏、评价、理解音乐，能够使幼儿产生共鸣，唤起学习兴趣，发展创造性思维能力，提高音乐审美能力。在幼儿园音乐教育中，教师也应当了解和把握音乐学科的特征和属性，以幼儿的发展为目的进行发展性教学评价。这种评价应采用相对的评价标准，更多地关注幼儿学习的动态过程，而非静态的结果，从而反映幼儿自身在学习上的纵向进步和发展趋势。

### 二、音乐游戏的特点

音乐游戏是在音乐的伴随下进行的游戏活动。它是一种比较特殊的韵律活动，同时也是以发展学前儿童的音乐能力为目标的一种游戏活动。其特殊性主要表现在游戏和音乐的相互关系上。在音乐游戏中，音乐和游戏是相互促进、相辅相成的。游戏规则促进和制约着游戏活动，而游戏动作又能帮助儿童更具体、形象地感受和理解音乐，获得一定的情绪情感体验。因此，音乐游戏是深受儿童喜欢的一种音乐活动。

音乐游戏是一种有规则的游戏，它具有突出的教育作用，集中体现音乐的艺术性、技能性与儿童的年龄特点和发展水平之间的统一。它把丰富的教育要求以生动有趣的游戏形式表现出来，使儿童在乐此不疲的游戏和玩耍中既掌握了一定的音乐知识和技能，也在不知不觉中接受了品德教育和审美教育。同时，在愉快而自由的游戏活动中，儿童还获得了更多积极情绪情感的享受和体验，进一步促进了对音乐活动的持续兴趣积极、主动个性的塑造。

音乐游戏是儿童需要的，是幼儿音乐教育不可缺少的，是激发儿童情感、使儿童获得快乐的重要途径。音乐游戏不仅能使幼儿音乐能力得到发展，也是培养和塑造幼儿智商和情商的无价良方。喜爱游戏是孩子的天性，也是幼儿与周围环境相互作用的基本形式。音乐游戏根据幼儿对游戏的基本需求，为幼儿的音乐学习提供了丰富的背景，使幼儿学会在游戏中学习，在学习中游戏，它为幼儿学习音乐创设了自由、灵活、有趣的学习环境，使他们在快乐的游戏中感知音乐，充分体验学习音乐的快乐。

## 三、幼儿园音乐课程游戏化方式的探索

### （一）对歌词进行表演及角色扮演游戏

表演游戏指的是将音乐歌词中所表达的内容进行直译后，然后让幼儿以游戏的形式进行表演。例如，在学习《谁饿了》时，可以让幼儿模仿歌词中小狗、小狼的动作，并将歌词中描述的"肚子饿得咕咕叫""看见了骨头""吃掉了"和"找不着"等这几种状态表演出来。在这个过程中，幼儿不仅学会了歌词和演唱这首歌，还通过游戏形式增强了他们的参与性。需要注意的是，游戏表演并不等于只是直接将歌词表现出来，对幼儿所扮演的角色状态和身体活动等，都应进行一番揣摩，不能只是形式上的模仿游戏，还需融合内容，进行角色扮演。例如，当幼儿在扮演《谁饿了》中的小狗时，可以在前两节没有歌词的拍子中加入一些动作，按照节拍来模仿小狗走路。另外，组织全班幼儿在负责表演的幼儿随着节拍表演到演唱部分时，全体合唱，并给每一名幼儿安排一个角色，如森林里的各种小动物，在遇到大灰狼时，全部蹲下躲避，不让大灰狼给"吃掉了"。在大灰狼离开后，小动物们重新开始在森林里活动。在这个过程中，幼儿们不仅学会了

这一首歌曲，还参与了整个游戏过程，在一种欢快的氛围中完成了教学活动。同时，表演游戏对幼儿的节拍掌握能力、角色扮演能力以及模仿能力都具有一定的锻炼作用。

在表演游戏中，角色扮演一直占据着大量的游戏份额。在音乐课程教学中，可以运用角色扮演方式，让幼儿随着音乐完全沉浸在音乐故事的世界中，想象自己就是音乐故事里的主人翁，通过这种方式来理解和学习歌曲。例如，在学习《小老鼠打电话》时，可以让幼儿分别扮演其中的"小老鼠"和它的朋友们。小老鼠打电话的动作、语气、神态，以及与朋友的对话，都需要结合音乐的节拍表现出来。幼儿们觉得是在游戏，投入性大，获得的知识相对更多。幼儿在教师的引导下，逐层、逐步地进行，在玩中学习，在游戏里学会唱歌，学习音乐知识和课程内容。将音乐课程游戏化，可减少教学过程的枯燥性，提升幼儿的学习兴趣和参与度，以达到更为优质的教学效果。

**（二）将情境设置带入音乐课程游戏中**

情境的营造能让幼儿快速地融入课程内容之中，对幼儿心理情境营造起到良好的促进作用。在这个良好氛围和背景下，幼儿自觉地成为课程游戏活动的主体。教师先根据课程要求，通过对课堂环境的布置、故事的铺垫、角色特征的讲解与交流，为幼儿创造易于接受和利于创作的优质环境。在这种环境下，再对幼儿进行音乐心理情境的创设。幼儿在学习和倾听歌曲时，自觉地融入美妙的歌曲环境之中，体验和感受各种情感与情绪的表达，提高对音乐的感受力和鉴赏能力。在情境创设成功后，并不需要过多的言语表达，即可让幼儿融入音乐当中，进行音乐课程教学，并能取得良好的教学效果。

由于幼儿具有爱玩的天性，在幼儿园时期，教师不能控制或打压这种宝贵的特质。要想完成教学课程，让幼儿们真正学习课堂内容，同时又很好地保护他们的自然本性，可以从设定课程游戏入手，将两者进行结合，让幼儿在玩中学习，在玩中潜移默化地学会音乐知识，并且熟练掌握课程的内容，让幼儿流连忘返。在平时的休息玩乐中，也可以进行这种富有教育性的游戏。幼儿的兴趣被调动起来，在无学习压力的情况下，能更好地融入其中，学习和掌握更多的知识。

### 四、幼儿园音乐游戏课程的设计实践

#### （一）直接诠释歌词的身体动作游戏设计

这类游戏化方式类似歌唱表演，是幼儿园音乐教学中最常用的一种教学方法。但歌唱表演与直接诠释歌词的身体动作游戏化是有区别的：第一，身体动作游戏化是在幼儿学会开口歌唱之前进行的，而歌唱表演则有可能在幼儿学会歌曲以后才进行。第二，身体动作游戏化是内容与形式的双重要求，要求身体动作不只是表达歌词内容，更重要的是表达音乐元素的标准。而歌唱表演对幼儿的合拍和与句子共呼吸等方面有特定的要求。

#### （二）情境设置游戏设计

营造良好的心理情境能有效地发挥人在环境中的主体性，并通过外界刺激提高主体对环境的感受力。在幼儿园音乐教学活动中，同样可以创设音乐的心理情境。幼儿在认真倾听歌曲的同时，也结合自己的日常经验体验到不同的情绪情感，进而提高了对音乐的感受力和鉴赏力。在这个情境中，不需要太多的言语来表达，只需要用优美的歌曲来填充，把幼儿自然而然地带入歌曲的情境之中，激发他们通过自发联想进入想象的特定情境。

#### （三）角色扮演游戏设计

音乐课运用角色扮演游戏进行，从伴着音乐讲故事开始，让幼儿想象自己是故事里面的角色，从而促进幼儿理解歌曲。

在教学中，教师采用逐层进入的方法，让幼儿边玩边学，在玩中学唱，在唱歌的同时玩游戏，减轻了幼儿学习的负担，使得歌曲的学习在游戏中自然进行，更显趣味性。歌曲的动作根据角色游戏表演的情境的需要做出，来自幼儿的自然产生，使得游戏更富有情境性和创造性。

#### （四）有音乐伴奏的日常生活游戏与身体动作游戏的组合

日常生活游戏指幼儿在日常生活中独立进行的游戏活动，它与教师的带领下进行的规则游戏有所不同。如果教师带领幼儿进行这种游戏，一般具有教学提升目的。

例如，日常生活游戏——找朋友。鼓励幼儿用自己的方式表现四个乐句，对有创意的想法及时给予肯定。请个别幼儿展示自己的方法，并带领大家集体感受

这四个乐句。幼儿呈散点式站立，在每一个乐句的第一拍开始扮演蝴蝶走小碎步去找其他的蝴蝶朋友，到这一乐句的最后一拍时必须找到朋友，并且和朋友做一个交流的身体动作。到下一句开始，重复以上过程，可变换交流身体动作。提醒幼儿注意倾听音乐，走小碎步去找朋友，在找朋友的过程中不与同伴互相碰撞；鼓励幼儿创编不同的交流动作，相互学习。游戏时，要求能较准确地分辨乐句，并能在乐句末找到朋友，且不与别人发生碰撞。

## 第三节　幼儿园音乐教育生活化实施路径

### 一、幼儿园音乐教育生活化的概念及特点

生活是生命的存在形式，作为生命体的人在生活中存在和发展，即人在生活中展示自己的生命，体验自己的生存状态，享受生命的快乐以及生活的乐趣。美国教育学家杜威则指出，生活包括了习惯、制度、信仰、胜利和失败、休闲和工作。就人类来说，信仰、理想、希望、快乐、痛苦和实践的重新创造伴随着物质生存的更新。通过社会群体的更新，任何经验的延续都是实际存在的事实。教育在它最广泛的意义上，就是社会中生活的延续。幼儿园音乐教育的生活化关注的是幼儿在幼儿园中经历着的、促使其生长与发展的一日生活过程。幼儿园教育应该关注幼儿的一日生活，不管是内容的选择还是组织方法的采用，都应该与幼儿的生活经验紧密联系起来。具体来说，幼儿园音乐教育生活化概念的内涵主要包括以下两方面的内容：

在幼儿园一日生活的各个环节之中融入音乐元素：幼儿园的一日生活环节包括入园环节、盥洗环节、进餐环节、如厕环节、喝水环节、过渡环节、午睡环节、离园环节以及集体教育环节。我们在除音乐教育活动之外的集体教育活动中以及幼儿的其他一日生活环节中加入音乐元素，能够很好地激发幼儿学习与参与活动的兴趣，让幼儿在一个轻松的氛围中以一种愉悦的心情进行新知识与新技能的学习，从而更好地帮助幼儿园各个生活环节顺利地开展与实施。

幼儿园专门的音乐教育活动中也应该融入生活元素：幼儿园专门的音乐活动

主要包括歌唱活动、韵律活动、音乐欣赏活动、打击乐演奏活动等。在这些活动中融入与生活密切相关的音乐教育内容，能够使幼儿在具有一定熟悉度的生活经验背景下学习音乐，感受音乐的魅力。

## 二、幼儿园音乐教育生活化的实施路径

### （一）选取具有生活气息的优秀音乐作品

生活化的幼儿园音乐教育一定是动态的、过程性的，一定是生态的、有机联系的，一定是互动的、平等对话的，一定是全面的、和谐的，一定是源于幼儿生活、与幼儿生命成长紧密相连的，一定是站在幼儿立场上、由幼儿亲自参与的，因为只有真正关注生活世界的音乐教育才是完整的、真实的人的教育。《3～6岁儿童学习与发展指南》中指出"经常让幼儿接触适宜的、各种形式的音乐作品，丰富幼儿对音乐的感受和体验"。匈牙利作曲家、民族音乐理论家、音乐教育家柯达伊认为，幼儿音乐教材的来源有三：一是儿童生活中的游戏、童谣和圣歌；二是民间音乐；三是经典的创作音乐，即由著名作曲家创作的音乐。当然，还要关注幼儿自己感兴趣的音乐作品。借鉴柯达伊的观点，我们可以将具有生活化气息的优秀音乐作品归为以下几类。

1. 与幼儿生活息息相关的音乐作品

音乐是一门听觉的艺术，要学习与生活有关的音乐，就要引导幼儿注意收集生活中各种事物的声音。因此，我们要注意培养幼儿"倾听"音乐的能力。这种"倾听"是一种有意识的、注意的"听"，它不仅需要幼儿积极参与，有时还需要情感的投入。

第一，来自自然的声音。就是要让幼儿倾听自然中的下雨声、打雷声、鸟叫的声音、水流的声音、风吹的声音等，这有助于提高幼儿对这些声音的敏感性和熟悉度，培养幼儿倾听的习惯和能力，提高幼儿对声音的记忆力、敏锐性，使幼儿更好地感受音乐作品的情感，积累一定的听觉经验。

第二，来自幼儿生活情境的声音。生活中的音乐包括锅、碗、瓢、盆碰撞的声音，各种动物的叫声，各种交通工具的声音等。这些生活中的音乐具有强烈的节奏感和形象性，是对幼儿进行音乐熏陶的绝佳教育资源。教师应当注重挖掘幼儿生活中可以利用的音乐教育资源，丰富幼儿对声音的认知，培养他们对不同声

音的敏锐性。

第三，来自幼儿兴趣和需要的音乐作品。与幼儿生活息息相关的幼儿园音乐教育还应关注幼儿自身的兴趣和需求。在调查中发现，虽然在专门的音乐教育活动中，教师教授怎样的音乐内容，幼儿就会学习怎样的音乐内容。但是，幼儿对不同的音乐内容表现出来的兴趣是不同的，学习效果也存在很大差异。他们更喜欢的是节奏性强、作品描写内容与他们的生活息息相关并带有很强表演性质的作品，在幼儿园教材中他们就喜欢《幼儿园里好事多》《粗心的小画家》《胡说歌》《小老鼠打电话》等儿童音乐作品。

关注幼儿喜欢的音乐才是关注音乐教育生活化最重要的一点，因为这些音乐都从幼儿本能需要的立场出发，是一种天然的、游戏式的、从幼儿的生活里截取的、符合幼儿自身年龄特征的、生活化气息浓厚的音乐。在这些音乐中，幼儿可以轻松学习，随心所欲地表现，根据自己的愿望随意地创造。这些才是生活化的音乐，也是最适合幼儿成长和发展的音乐。

2. 具有民族民间风格和本土特色的音乐作品

第一，民族民间音乐。柯达伊认为：儿童是民族的未来，民间音乐文化是民族本质最完美的音乐表现，也是培养儿童良好艺术趣味的基石。让儿童从小就了解和热爱自己民族的音乐，不仅可以不断积累民族语言，更是一个增强民族意识和培育民族情感的过程。民族民间音乐来自生活，表达了人们的生活情感。它们承载着各民族人民丰富的文化和深厚的情感，其表现形式是多样的，包括民族歌曲、民族乐器演奏、民间音乐欣赏、民族舞蹈表演等。将这些民族民间音乐纳入幼儿园的音乐教育活动中去，可以使幼儿感受不同民族音乐给他们带来的不同音乐感受，丰富他们的音乐认知，开阔他们的音乐眼界，获取更丰富的审美体验。

在幼儿园专门的音乐教育活动中，还可以让幼儿欣赏不同民族的器乐曲，这些器乐曲都是由不同的民族乐器演奏的，具有浓郁的民族特色，例如，葫芦丝演奏的傣族歌曲《月光下的凤尾竹》、唢呐吹奏的《百鸟朝凤》、琵琶曲《草原英雄小姐妹》、二胡名曲《二泉映月》等。幼儿在欣赏音乐的同时可以认识不同的民族乐器，了解不同乐器的音响效果与简单的演奏技巧。同样，在幼儿律动、打击乐演奏活动甚至音乐游戏中也可以渗透这样的民族民间文化，使幼儿的音乐活动丰富多彩。

第二，本土特色音乐。杨晓萍老师认为：从社会发展的角度来看，学前教育强调回归生活课程，着眼于传播本土知识为基础的本土的发展。当然，这并不是拒绝外来文化的封闭发展，而是强调本土文化对学前儿童的独特价值。因为在我看来，本土文化是本土人民长期生产生活实践的智慧结晶，是提高本土社会凝聚力的最好资源。让学前儿童学习和了解本土文化，可以增强他们对民族文化的认识，从小树立民族自豪感。

中华文化博大精深，每个地区都有自己的地方本土文化，当然也包括特色的音乐文化。我们在向幼儿传播民族民间音乐的同时还要顾及自己所在地的本土音乐，它们与幼儿的成长是息息相关的，是真正来自幼儿生活并能很好地被幼儿所接受的。拿地方本土音乐来说，有江苏民歌《茉莉花》、河南民歌《编花篮》、山东民歌《沂蒙山小调》、岭南童谣《落雨大（粤语）》、云南民歌《猜调》、四川民歌《太阳出来喜洋洋》等。这些本土音乐吸收了本土文化的精髓，有本土的地方语言特色，同时融合了幼儿生活中所接触到的地方文化元素，是幼儿园进行音乐教育活动的宝贵资源。

3. 经典的创作音乐

日本小提琴家和音乐教育家铃木镇一认为：儿童的音乐才能是通过后天的有效教育发展起来的，因此，为儿童提供优良的教育环境是音乐才能发展的首要条件。在铃木音乐教育体系中，良好的教育环境包括让儿童聆听由最杰出的作曲家创作的、最卓越的演奏家演奏的作品，以及由最出色的老师来指导儿童学习。在幼儿园生活化的音乐教育活动中，我们也要为幼儿提供这样的优良音乐环境，在音乐欣赏的活动中，让他们聆听世界音乐宝库中符合幼儿身心发展特点的、与生活紧密联系的经典作品，让这些优秀的音乐帮助幼儿提升音乐的鉴赏力和欣赏水平。

例如，圣桑的管弦乐组曲《动物狂欢节》，一共十四个乐章，每一个乐章都用不同的乐器淋漓尽致地表现出不同动物的特征，有双钢琴演奏的雄武威严的《狮子进行曲》，有小提琴和钢琴演奏的惟妙惟肖的《母鸡和公鸡》，有低音弦乐器演奏的憨态可掬的《乌龟》，有低音提琴演奏的笨拙的《大象》，还有优雅的大提琴演奏的高贵的《天鹅》等。幼儿通过欣赏不同乐章的音乐就能够形象地感知到不同动物的特征，获得相关认知。此外，里姆斯基·科萨科夫的管弦乐曲《野蜂飞舞》可以让幼儿生动鲜明地感受到一群蜜蜂在花丛中飞舞的景象；德彪西的钢琴曲《雪之舞》在冬天下雪的时候放给幼儿听，可以让幼儿感受到雪花从空中旋转落下的状态。还有钢琴家班得瑞的轻音乐，如《静静的雪》《满天星》《迷雾深林》《日光海岸》《琉璃湖畔》《微风山谷》等，这些作品都形象地展现了大自然的风光，使幼儿在优美的音乐中感受到大自然的美好。这样的作品还有很多，教师要有意识地去挖掘，让这些经典的生活化音乐充斥幼儿的一日生活，提高幼儿的音乐感受力、音乐鉴赏力以及音乐表达能力。

所以，具有生活化气息的游戏音乐作品，必定是源于幼儿生活、关注幼儿自身成长和发展的音乐作品；必定是符合幼儿的年龄特征并符合幼儿自己的兴趣和需求的音乐作品；必定是来自民族民间、具有地方本土气息的优秀音乐作品；必定是由杰出的作曲家创作、世代流传的经典音乐作品……我们需要给这些优秀的音乐作品一个发挥作用的空间，让它们的教育作用与审美作用得到充分发挥，这样才能为幼儿营造一个良好的音乐学习环境，让他们能够受益于这些优秀音乐作品带来的积极影响。

**（二）使用贴近幼儿生活的音乐教育过程设计**

音乐是一门很强调实践性的学科，生活化的音乐教育内容更是如此。只有在音乐教育活动中，让幼儿亲自通过口、手、身体等进行练习与实践，幼儿才能获得对于教育内容的最直接的感知与体验，切实感受到音乐的魅力。这就要求教师尽可能为幼儿提供更多的参与和实践机会，把更多的教学活动时间用于幼儿的操作，而不是教师的讲授。根据奥尔夫的观点，"音乐出于动作，动作出于音乐"这两者在"原本性音乐"的存在方式上是不可分割且相互作用的。

如在打击乐教学活动中，教师主要是借助打击乐器让幼儿完成乐曲演奏，并通过操作打击乐器促进他们的大肌肉动作与小肌肉动作的发展。幼儿园的打击乐器有碰铃、铃鼓、沙球、三角铁等，这些小乐器的引入会使幼儿对打击乐演奏活动的兴趣大增。在教学过程中，教师可以鼓励幼儿制作"土乐器"，例如用一个空易拉罐、几只碗碟或者几块竹片来进行创作。教师也可以帮助幼儿将空塑料瓶装上沙子，做一个简单的沙球。由于幼儿自己参与打击乐器的制作，并将这些自制的"土乐器"作为课上演奏的乐器，会大大提高幼儿学习打击乐演奏的积极性，课堂的学习效果会更好，同时也会使他们明白来自生活的材料可以充分利用到音乐学习中，让他们更加关注生活，关注生活与音乐的联系。

**（三）在幼儿园生活活动中渗透音乐**

生活类活动是幼儿一日生活过程中的主要组成部分，通过音乐来辅助幼儿参与生活活动，既能使幼儿在轻松的氛围中以一种愉快的心情进行生活技能的学习，也有助于促进幼儿园一日生活环节的顺利进行。我们可以在一日生活的各个环节融入音乐元素，让幼儿能够"唱做一体"，即以音乐的形式来促进幼儿对生活技能的学习。

1. 入园环节音乐

入园环节是幼儿一日生活的开始。通过欢快的音乐来迎接幼儿，可以使幼儿感受到幼儿园活泼和亲切的氛围，让幼儿以一种愉悦的情绪与家人告别，尽快融入幼儿园的生活之中。所以，在入园环节中，我们可以在园内放一些旋律轻快的歌曲，如《快乐的一天开始了》《早上好》以及彭野老师的新儿歌《清早听到公鸡叫》等，为幼儿创造一个良好的入园氛围。

2. 盥洗环节音乐

盥洗环节是保障幼儿身体健康的重要防线，所以，幼儿园非常重视盥洗环节的开展，经常采用多种方式培养幼儿良好的盥洗习惯。"唱做一体"就是非常有效的一种方式。为幼儿的洗手活动、洗脸环节等编制一些顺口的小儿歌，幼儿可以边唱儿歌边进行盥洗活动，在为单调的盥洗活动增加一丝乐趣的同时帮助幼儿熟记盥洗过程和要求，尽快掌握正确的盥洗方法。例如，洗手活动中在打上肥皂搓洗双手的时候，为了促进幼儿认真洗手，教师可以为幼儿编这样一个童谣：

搓泡泡

手心手心搓搓搓，

手背手背搓搓搓，

指缝指缝搓搓搓，

大拇指呀搓搓搓，

指尖关节搓搓搓，

手腕也要搓搓搓，

泡泡白白多又多。

在洗脸活动中，可以选择《小毛巾》这首儿歌，"小小毛巾爱玩水，洗了眼睛鼻子嘴，还跟耳朵亲亲嘴……"简单的旋律，重复的歌词，让幼儿很轻松就能边唱边做，帮助他们养成正确的洗脸习惯。

3. 进餐环节音乐

一日三餐中，幼儿要在幼儿园里吃两餐两点或三餐一点，因此，确保幼儿愉快地进餐对于维护幼儿的身体健康和良好行为习惯的养成是很重要的。在进餐时，可以播放一些舒缓轻快的音乐为幼儿创设一个良好的进餐环境，例如小约翰·施特劳斯的《蓝色多瑙河》或钢琴曲《天鹅》等，既能使幼儿愉快平静地进餐，又有助于幼儿审美情趣的提高。

4. 午睡环节音乐

午睡环节的时间比较长、非常安静，是幼儿一日生活中恢复体力的一个环节。在入睡时给幼儿播放一些轻柔舒缓的音乐能够放松幼儿的身心，可以帮助他们更好地入睡。例如，舒曼的《梦幻曲》、舒伯特的《小夜曲》、爱德华·格里格的《催眠曲》、勃拉姆斯的《摇篮曲》，还有彭野老师新儿歌系列中的《摇篮曲——舒伯特》《摇篮曲——勃拉姆斯》《摇篮曲——莫扎特》《摇篮曲——宝贝》《摇篮曲——月儿明》等。这些轻柔的音乐既可以为幼儿创设一个宁静的睡眠环境，也有助于提高幼儿的睡眠质量。

在幼儿起床时，可以播放音量适中、轻松欢快的音乐，帮助幼儿从睡眠环境中尽快清醒过来，以饱满的热情投入下午的活动。这时就可以选择小约翰·施特劳斯的《拨弦波尔卡》、肖邦的《小步舞曲》、中国唢呐名曲《百鸟朝凤》等音乐，也可以做几分钟的起床韵律操，帮助唤醒幼儿的身心。

5. 自由活动环节音乐

自由活动主要是指幼儿自己选择活动材料和玩伴的环节，包括早晨入园后幼儿自己玩玩具的时间，也包括活动环节之间的衔接时间和户外自由活动时间。这是幼儿最喜欢的一个环节，在这个活动时段引入音乐元素，会激发幼儿自由活动的兴趣，并在不知不觉中使幼儿享受到音乐之美。

举例来说，在早晨入园到吃早饭的时间段里，幼儿园一般会让幼儿自己玩玩具，这个时候就可以给他们播放最近学习过的歌曲，让他们在游戏的过程中巩固所学内容。在幼儿收拾玩具时播放《玩具兵团要回家》这首歌，通过歌曲中的榜样引导幼儿养成将玩具放回原位的好习惯；在幼儿户外自由活动时，也可以选用一定的背景音乐为他们的活动增光添彩，如《快乐的游戏》等。

6. 离园环节音乐

离园环节是幼儿园一日生活的最后一个环节，是幼儿一天生活的结束，此时，幼儿一般会心情愉快地等待家长的到来。所以，在离园环节可以为幼儿播放一些愉快的歌曲伴随幼儿结束一天的幼儿园生活，让幼儿快快乐乐地回家，如《单簧管波尔卡》《啤酒桶波尔卡》《闲聊波尔卡》《大手牵小手》等。

### 三、幼儿园音乐教育生活化的价值分析

#### （一）保障幼儿园一日生活的顺利开展

1. 激发幼儿的生活情趣

教育只有融入儿童的生活，成为儿童生活世界中充满活力的智慧和精神，才能真正发出力量，使教育成为真正的教育。与其他年龄阶段的教育相比，幼儿园教育更应该回归生活，这是由幼儿特殊的身心发展特点决定的。幼儿的身体发育尚未成熟，心智发展处于具体形象和动作性思维阶段，他们对世界的感知是具体的、感性的、直观的和个人化的，他们更容易接受直观性以及游戏化的教育方式。

幼儿园音乐教育生活化所选择的音乐教育内容是幼儿熟悉和喜欢的，所选择的组织方式是游戏化的和直观的，而且通常是在幼儿的生活环节中开展的。这样就能够更好地帮助幼儿进行生活技能的学习和掌握，并在此过程中最大限度地培养幼儿对于音乐的学习热情，激发幼儿的生活情趣。

2. 提升幼儿的生活技能

由于幼儿身心发展的特殊性，他们的教育应该贯穿一日生活的各个环节。我们应该将幼儿从固定的座位上解放出来，让他们不仅通过听觉，而且还要通过视觉、触觉、联想与想象进行感受、学习与创造，使幼儿获得丰富的经验和深刻的体验。

幼儿教育要坚持把幼儿的生命成长放在首要位置，幼儿园的主要任务就是培养幼儿的基本生活能力，而这些基本生活能力的培养依赖于幼儿园一日生活的各个环节。我们知道，一日生活环节是具体的而琐碎的，各个环节之间也是紧密相连、有序进行的。幼儿只有熟练地掌握各个环节中所需的生活技能，他们才能更好地适应幼儿园生活，才能实现自身的成长与发展。音乐教育生活化就是让幼儿

"唱做一体"学技能，使幼儿在边唱边说的过程中，动作不断精确、生活技能不断熟练、自理能力不断提高。幼儿在这样轻松的音乐氛围中能够以积极的态度和情感学习各种生活技能与技巧，这样的教学效果要比教师单纯的说教更为有效，也更容易被幼儿接受。

3. 丰富幼儿的生活经验

狄尔泰认为，生活经验对于精神而言就如同呼吸对于身体一样重要。就像我们的身体需要呼吸一样，精神也需要在情感生活的回应中实现并扩展其存在。幼儿教育的首要和根本任务就是丰富幼儿的相关生活经验，促进幼儿的生命成长与发展。幼儿的生活经验是全面的，这要求我们在进行音乐教育生活化的时候，将音乐与一日生活的各个环节以及其他领域的教育内容互相联系和协调，以丰富幼儿的整体生活经验。

**（二）提高幼儿的音乐素养**

1. 激发幼儿对音乐的兴趣

幼儿园专门的音乐教育活动都以发展幼儿的基本音乐能力为基础。在这样的教育目标下，音乐教育内容的选择变得相当关键。既不能让幼儿感到难以掌握，也不能简单到无法激发他们进行活动的兴趣，也就是说，要在幼儿的"最近发展区"内进行选择。这时，来自生活的教育内容就成为音乐活动的最佳选择。

生活情景中的内容与幼儿的周围生活是息息相关的，他们对这些生活内容都有一定的认知与理解，能够很好地激发学习兴趣。即使是他们不熟悉的部分，因为在生活中有相关经验，也会激发幼儿进行探索学习的兴趣。这样的音乐教育既能够促进幼儿生活认知的增长，又能够培养幼儿的基本音乐能力，是幼儿园需要的教学内容。

2. 丰富幼儿对音乐的认知

"多元智能理论之父"哈佛大学加德纳教授在他早期著作《智能的结构》一书中提出，音乐认知能力是众多重要的认知能力之一，也是在人的发展中不可缺少的一项重要内容。幼儿期是音乐认知能力发展的重要时期，在这个阶段内实施适宜的音乐教育能够很好地促进幼儿音乐认知能力的发展。

生活化的幼儿园音乐教育活动强调的不仅仅是音乐活动的结果，更侧重于音乐活动的过程；不强调教师的"权威"，而强调幼儿的主体性；不追求幼儿对音乐技能技巧的单纯掌握和各种标准化的要求，而是要培养幼儿的音乐能力，即音乐感受能力和音乐表达能力。这样，幼儿的音乐认知能力会显著增强，他们将学会区分不同节奏和不同类型的音乐作品，甚至会用自己的方式来创作音乐。

3. 提高幼儿的音乐审美和表现能力

音乐是美的艺术，是由有组织的乐音通过艺术加工创作而成，用以反映生活并表达思想和情感的艺术形式。可以说，审美是音乐的基本素质。幼儿园音乐教育是以培养幼儿的审美能力为基础的，这就决定了音乐活动内容的选择必须考虑符合幼儿的年龄特征，并以幼儿能够接受的形式进行审美能力的培养。

幼儿园音乐教育生活化是源自幼儿实际生活，与幼儿生活经验密切相关。这种教育方式可以更好地被幼儿理解和接受，更有效地激发幼儿的积极情感，也更容易激发幼儿的主动学习和积极探索的意识。在这种潜移默化的过程中，音乐的力量融入幼儿的心灵，从而培养了他们高尚的音乐情操，提高了幼儿感受音乐、欣赏音乐和表现音乐的能力。

# 第五章　音乐教育的创新实践

## 第一节　音乐教育的创新意识和方法养成

### 一、创新意识和方法在音乐教育中的必要性

创新意识和创新方法的培养对音乐教育的作用巨大。什么是创新？创新能力或者创新方法的关键条件是解放自己，激发和发挥出人的最大潜能。创新意识和创新方法是可以通过后天的培养和训练而逐渐养成，在音乐教育中，创新思维非常重要。首先，创新意识的培养可以提升学生的审美能力，提高学生的审美素质，培养学生的创造性思维，激发学生对美好事物的感知能力。其次，它可以优化创作者的创作灵感，激发学生的想象力。创新方法在音乐作品的创作中有着其他要素不可代替的重要地位和作用。

### 二、音乐教育创新意识和方法养成

#### （一）创新意识的基本内容

1. 优化教学方法，创新教学手段

音乐课堂应当以学生的自我学习能力为主题，让学生主动参与到课堂的学习中。传统的教学模式下往往是老师起主导作用，老师教什么，学生记什么，教学效果不佳。现代教学模式应当以学生的获得感为中心，学生不懂什么，老师就传授什么，这样就可以激发和培养学生的学习兴趣。此外，要建立一种平等的师生关系，改变音乐课堂中教师居高临下的现状。教师应当保持端正的交流态度，语气平易近人，达到师生之间相互促进、融合交流，为培养学生的创造性思维提供充足的保障。生命本身就是一项创造性的活动，因此音乐教育应以培养学生的创

新能力为核心，以此鼓励学生不断创作出更多优秀的音乐作品。

2. 提升教学形式，加强创新思维

音乐教育应当以人的全面发展为目标。学校作为音乐教育的主要场所，对音乐教育的创新培养非常有必要。音乐教育是一个潜移默化、循序渐进的过程，需要通过创新方法改进和加强来培养更加优秀的音乐人才。第一，在音乐教育培养目标和课程方面，要积极创新，培养学生的创造性思维，通过采取信息技术的传输方式，在教学方式上不断探索新方法，以此激发学生的学习兴趣。第二，改变传统的课程考试模式，运用多媒体的教学方式，利用互联网远程教学技术和人工智能教学技术来进行施教。第三，教师在创新思维的引导方面至关重要，要加强教师教学能力的考核力度，发挥教师的真正作用，为学生提供有意义的引导和指导。

**（二）创新方法的基本内容**

1. 创新艺术传播方式

以往的艺术传播方式存在严重不足，无论是培养模式还是传播方式都跟不上时代的步伐。因此，当代文艺工作者应当高度重视艺术传播方式的创新。首先，需要推动人的发展，然后再推进音乐教育及音乐作品的创新。在音乐教学过程中，重要的是培养学生的学习兴趣。例如，让学生用声音材料模仿自然界的各种发声体，用音乐编写较完美的故事情节，尝试用学过的诗词进行谱曲，进行词语接龙等活动，开发学生的创造思维；还可以对音乐作品进行演唱方式的处理，以加深学生对音乐作品的理解，更好地开发学生的积极创造力。

2. 完善和发展音乐教育创新方式

音乐教育要有一个良好的开端，必须在教学手段和教学形式方面加大创新力度。在以往的教学实践中，教师随堂讲授方法有其必然的好处，它能够及时地传递信息，学生也能当堂获得所学内容。但教育必须是面对大众的，要让所有的受教主体满意才是我们所要追求的目标。当前，许多教师已经认识到音乐教育创新方式的重要性，也在采取积极措施落实到具体的课堂教学环节中，例如，一些教师在讲到节奏和旋律的时候，利用电子键盘对音乐作品进行逐层删减和叠加，快速而直观地把抽象的概念解释清楚。相比以往要进行模唱、打拍子和数节奏等方式来得更有效。音乐教学方式的创新将会极大地改变现有的教学效果，为有效提升教学成果，牢固树立教学品牌打下坚实的基础。

## 三、学前音乐教育的创新方法实践

### （一）奥尔夫教学法

目前，在学前音乐领域，奥尔夫教学法得到了广泛的应用。它主要强调寓教于乐，使儿童在自在放松的情境中体会到音乐的美妙，进而不断激发他们对音乐的热爱。游戏是学前期的儿童表达自己的情感和与外界进行交流的主要活动方式。因此，音乐教育也要不断贴近儿童热爱游戏的天性，通过游戏的方式让儿童进入音乐学习。奥尔夫认为："原始的音乐是接近土壤、自然、有机的，它适合每个人学习和体验，特别适合儿童。"因此，我们在对学前儿童进行音乐教育时，应尽量选择比较接近原始的适用于儿童学习的民歌、童谣、谚语等。这些教学素材在一定程度上比较接近儿童的生活，儿童在学习时可以通过自己平常的经验对其进行建构，从而更好地理解该音乐的内涵和意义，并不断地激发对音乐的浓厚兴趣。

奥尔夫强调儿童应以群体性的游戏形式融入音乐的学习中。教师首先要创造一个和谐的鼓励每个儿童充分表现自己情感的教学环境，每个儿童都能够全身心地投入到音乐学习中，教师和儿童之间以及儿童与儿童之间是平等合作的关系。每个人都能够充分表达自己的想法，使自己的个性得到充分展现。另外，奥尔夫在音乐教学中注重即兴性，音乐是人们表达情感的重要途径之一，即兴则是直接表露内心想法的一种形式。儿童在音乐学习和实践过程中通常会有情感的波动或是其他一些灵感的涌现，而教师要积极鼓励儿童的这种即兴的表现，这样不但能够使儿童充分表达自己的想法，也能不断地提高其在音乐方面的创新能力。即兴活动重视儿童在"做"的过程中的主动性学习，以及想象力和创造力的发挥，教师要对儿童的即兴表现给予鼓励，做得好不好不是重点，关键是做不做，只有敢于实践，才能有创新。

### （二）达尔克洛斯教学法

达尔克洛斯在音乐教学中注重体态律动、视唱练耳和即兴演奏。所谓的体态律动，正如其名一样，注重在音乐学习过程中将自己的身体作为一种"乐器"，通过走、跑、跳以及其他自己根据对音乐的不同理解创造出的身体动作，来表现他们所听到的音乐。例如，在学习小兔子乖乖这首音乐时，小朋友可以通过将手举在头顶来表示兔子的耳朵，通过蹦、跳来表达兔子蹦蹦跳跳的动作等，通过这种方式，儿童能够清楚地理解音乐的内容，体会其中表达的情感，并通过自己创造一些与音乐内容相适应的动作来发挥自己的创造力和丰富的想象力。在视唱练耳课上，尤其注重的是要进行声乐的即兴演唱，这种方式能够极大地激发学生的创造性思维。最后，达尔克洛斯同样强调即兴演奏的重要性。这种方法鼓励学生在学习过程中即兴地将自己理解到的东西及时用大钢琴、小提琴等乐器表现出来，它能够有效地帮助儿童形成对音乐进行体态反应的自由。

### （三）多种感官参与教学法

所谓的多种感官参与是指在学前音乐教学中充分利用触觉、视觉、嗅觉的形式来加深儿童对音乐的理解。一般来讲，参与的感官越多，越能够建立起更多的神经连接，这也就意味着更多的记忆能够被轻松存储下来。心理学研究表明，学生的认知倾向分为视觉型、听觉型、动觉型和均衡型。具有视觉型认知倾向的学生更多地喜欢通过视觉去感知事物；具有听觉型认知倾向的学生往往长于通过听和口头交流来感知事物；具有动觉型认知倾向的学生则更习惯于在运动、行动和触摸中感知事物；而认知方式没有明显倾向的则属于均衡型。因此，在学前音乐教学中引入多感官参与教学具有深刻的意义，它不但可以适应不同认知倾向的学生学习，提高教学效率，而且在轻松学习音乐的同时，能够调动儿童学习音乐的积极性和主动性。例如，在教授一首音乐时，教师可以鼓励儿童通过想象将听到的音乐画出来，可以是具体形象的事物，也可以是一些表达情感起伏的线条；另外，教师也可以激发动觉型的儿童，将其听到的音乐用夸张的动作或是借助一些工具表现出来；教师在音乐教学时，可以将图片、影像等元素融入音乐中，用一些相关的图片或视频来帮助儿童理解音乐中表达的思想和情感，引发儿童的想象和联想，给儿童呈现一个更为广阔、丰富的学习天地。

# 第二节　音乐教育创新的理念分析

## 一、音乐教育创新的时代内涵

### （一）创新和创新教育的内涵

历史的发展离不开创新力的大力推动，文明的进步也得益于创新力的提升。创新是人类区别于其他自然形态的体现，同时也代表着人类不断发展的动力。人类从进化伊始便开始着不断创新，而现代文明的缔造更是代表着人类创新文明的巅峰。

创新由最早的经济学领域逐渐发展到其他行业，如传统的企业经营模式创新、产品技术创新、教育模式创新等。创新意味着事物本身发生改变，同时也意味着事物结果开始发生变化。创新还包括新的思维模式和新的意识取代旧有的思维模式和意识，因此，创新是一个较为笼统的概念。

创新包含很多含义，创新的形式也多种多样。人类的发明创造是一种创新，人们在日常生活中的不断便利化也是创新，科学家进行理论的辩论以及确立是一种创新，艺术家艺术水平的提高也代表着一种创新，可以说创新来源于生活的各个方面。总而言之，创新标志着一种新的思想产生，同时也包括学生对于学习的新看法以及新方法。创新是人类与生俱来的一种本领，是人内在的一种潜能，创新思维体现在每个人的日常生活和学习工作中。所以，创新对于社会的不断发展与进步尤为关键，同时对于个体的发展也是重要的影响因素。

为了满足当前社会科技发展的需求，教育创新变得越来越受重视。而教育创新的出现也证明了现代社会对于教育和人才的需求。教育创新相对于传统教育而言具有巨大的影响意义。现代学生为了能够适应社会的高速发展，其本身就要具备一定的创新能力以及创新思维，考虑到人的发展，教育创新能够真正做到以人为本，能够在一定程度上提高人的综合素质。教育创新是对人性的培养教育，创新教育能够使人性光辉发挥到最大化，同时也有助于推动人类文化的繁荣。素质教育是现代教育的核心，而素质教育的完成离不开创新教育的帮助和引导，可以说，创新教育是素质教育不断发展的动力和基础。所以，创新教育对于人类发展有着积极的促进作用，同时也是人类实现全面发展教育的有力保证。

**（二）教育和教育创新的内涵**

人类文明的发展壮大离不开教育的支撑。教育是一切知识和技能得以延续的保障，也是人类社会经济发展的不竭动力。同时，教育还是传播创新思维的重要媒介，是人类能够实现新时代目标的基础。

教育作为创新型社会发展的基础，建立创新教育是当前主要的发展方向。教育经过多年的发展已经不仅仅是文化的传播载体，而新时代对于创新型人才的需求也迫使传统教育方式必须发生变革。需要注意的是，教育的本质是育人，而育人的核心是开发人的意识，构建积极向上的人格，培养符合新时代发展的新型人才。教育创新的构建有助于提高学生的自主创造力，有助于帮助学生激发生活的灵感，释放潜能，使学生能够为现代社会的快速发展贡献自己的力量。

教育创新有着其发展必然性。传统的教育体制中对于人才的培养、学生价值观的引导以及对于教育的评价都存在着一定的缺陷，而这些也是阻碍创新型社会发展的因素之一。培养创新型人才是新时代发展的需求，同时也是教育改革的必然结果，教育创新符合时代发展的趋势，同时也是我国当前社会发展的重中之重。

教育创新是一个循序渐进的发展过程，同时也是一个需要不断完善的过程。当前我国各个学科都在尝试创新，无论是教学内容还是教学方法都进行了创新尝试和探索，主要针对音乐教学内容、音乐教学目标等领域进行探索和分析。

**（三）音乐和音乐教育创新的内涵**

音乐伴随着人类文明的进步而不断发展和传播，它本身具有非常活跃的创新性。音乐这门艺术不同于美术、舞蹈等，它没有激烈的线条，也没有夸张的色彩展示，同时也不需要优美的造型动作，它是一种融合了抽象、表情、创造、传情、运动等表现形式为一体的艺术类别。音乐的创造性表现在创作和表演中，其感染力能够极大地激发人们的想象力，使人们沉浸在音乐的氛围中。

音乐可以满足人们精神上的愉悦感，音乐已经成为人们缓解压力的一种手段。音乐的独特魅力使得它不能被其他艺术形式所取代。人类如果没有音乐，就会感觉到精神世界的残缺，可见，音乐对于人类而言是何等的重要。因此，音乐教育不仅是社会发展的需求，更是人类文明的需求，缺乏了音乐教育，人类文明发展便会受到制约和阻碍。

音乐艺术是音乐教育的载体，学生在接受音乐教育过程中能够感知到音乐的美感，从而使学生能够用音乐的独特魅力去创造。音乐学习是一个漫长的过程，需要学生不断进行学习和实践，对于教师而言，开发创新性的教学课程有助于提高学生的学习兴趣，同时也有助于培养学生的创新意识以及创新思维的形成。除此之外，音乐教育创新还有助于帮助老师提升专业能力以及教学水平。但是需要注意的是，音乐作为教育的一种方式，其最终目的是培养学生的综合素质能力，而不仅仅是进行知识的灌输。音乐教育必须进行创新改革，从教育本质出发，将培养学生的兴趣爱好和促进学生创新思维发展作为教育的主要目标。旨在构建欢快而愉悦的教学氛围，提高学生的学习积极性，鼓励学生在学习中进行独立思考和创新，帮助学生解放思想、开拓思维，培养全面发展的创新型人才。音乐教育代表着对艺术的追求，同时也更需要创新思维。创新型的教育模式将成为未来社会发展的重要推动力。

## 二、音乐教育创新的理论基础

### （一）心理学

音乐教育是作用于学生身上的，学生的心理状态又直接影响教学的质量。这就要求音乐教育变革要与学生的心理紧密结合，关注学生心理需求，帮助学生在精神和思维方面不断发展，培养其独特的个性。专家们通过研究学生创新的知识和相关论文，并通过科学实验，已经找到了符合学生创新变革的新方法。其中，最著名的理论是斯登伯格的"创造力三维模型理论"，之后通过不断研究，他和罗巴特进一步提出了"创造力投资理论"。

斯登伯格的"创造力三维模型理论"是在大量研究创造力相关文献和资料的基础上，并结合实践总结而提出的。该理论认为创造力是和心理特性密不可分的，特别是和智商、情商、学习方法以及人格培养方面的心理活动。基于这个研究，他得出以下结论：创造力应当包括三个部分，即智商发展情况、智商培养途径、人格培养成果。

在"创造力三维模型理论"提出并得到广泛认可后，斯登伯格和罗巴特通过对创造力的三部分内容的相关研究，又提出了"创造力投资理论"。这一理论从资源配置、技术服务、概念阐述、考核评审等方面进行了相关知识的交叉学习和研究。最终得出结论，创造能力的提升要依赖于智力发展、学术研究、智商培养、个体特性、目的性、环境等方面，它们的相互作用关系是创造力的核心研究内容。

通过学习和探索心理知识，我们可以清楚地了解到创造力包括动力、智力、人格这三个维度。首先，动力维度提倡创新变革，变革的内容包括人类意识、方式态度、情感表达、意志力等几个方面。其次，智力维度提倡思维和想象力的发散性。思维方面包括授课过程中需要培养的广泛性、特长性、通畅性、敏感性、灵巧性等。最后，在人格层面，要注重个体人格的培育和引导。主要包括性情和品德培养、对外界观察的能力、创造挑战意识、鼓励积极奋进、增强自信心等几个方面。

音乐教育可以从创造力的相关理论中获得启示：第一，音乐教育要激发每个人潜在的创造力，并加强和提升；第二，学校要注重学生的心理和思想方面的变化，通过教育引导和鼓励学生发挥其个性，运用好自己的好奇心、观察力、想象力和创造力，培养自己健全的人格。

### （二）脑科学

左右脑学说是由葛萨纳嘉、波根和斯佩里在 20 世纪 70 年代提出来的。他们通过研究发现了大脑的相关功能和特点。左脑主要负责智力方面的发展，包括学习、写作、工作、计算、推理等能力。右脑主要负责艺术方面的发展，包括空间维度、音乐细胞、艺术特性的创造。

"脑部三分模型"则是由美国专家麦克连于 20 世纪 70 年代中期提出的。他的理论按照人类发展历程来对应大脑的功能分布。尽管这种理论的出现为大脑研究提供了更多观点，但是那个时期人们始终以"左右脑学说"为标准。

赫曼发表的全脑四分结构模型是在充分研究并参考了斯佩里和麦克连学的理论基础上创建的。他认为大脑是由左右两半脑和两个边缘系统组成的，并且大脑是一个整体，需要这四个部分共同协调控制着大脑的功能。这为我们提供了启示：培养学生的音乐才能，也要进行系统的开发和培养。赫曼的理论表明：在心理方面的知识、情商、意识、行动是大脑的基础层，只有在这个基础上，才能开拓大脑品德、文化、体育、审美等方面的技能。所以，学校除了要充分完善学校的美育、智育、德育、体育方面，还要加强心理和劳动层面的能力培养，对学生的大脑发展进行全面布局和培养。综上所述，音乐教育在某种程度上需要依赖于全脑的开发，这是为了更好地培养学生的综合素质和创造力。

### （三）人才学

进行教育改革能培养出更多并且更优秀的人才。在这个背景下，以探索人才培养为主的学科人才学应运而生。人才学重要的一个理论就是"人才观"，它是对人才发展过程中所有方面的总述。它是优秀人才关于世界观的一种阐述，更是人才学研究的重点内容和核心指导。现代社会的人才观已经要求学校教育要从思想、氛围、人格、思维、创新等方面来培养学生，还要鼓励学生发展想象力和创造力，将学生打造为符合新时代发展要求的高新人才。这也正是人才学为教育提供的理论支持，学校要从学生的发展、成长需求和特点出发，对每位学生有针对性地培养，实现其独特价值。

### （四）教育学

人文教育包括对学生的精神培养和情感培养，最终实现学生的全面发展。音乐教育正是情感培养最好的途径之一。它不仅有助于培养学生丰富的情感，对学生学习人文精神知识也起到积极作用。音乐教育不仅仅是基础教育，更是对学生精神和灵魂的培育。与基础教育不同，音乐教育不必将学生培养成名人，它更注重以学生的成长乐趣为出发点，帮助学生精神成长。由此可见，音乐教育和美育在现代教育中的重要地位，如果缺少了它们，教育将是不完善的。随着时代的发展，创造力的重要性也日益凸显，因为它是反映一个人内心世界的一种表达形式。综上所述，音乐教育在学生全面发展的过程中是一种高效且重要的手段和方式。

### （五）音乐学

音乐自古有之，是一种反映情感、丰富生活、促进交流的主要方式。它通过创新的形式、美好的熏陶能力，已经成为人们最喜闻乐见的艺术形式之一。音乐是通过音响、时间、表演、视听享受以及情感表达来传达信息，因此也被称为多种艺术表现方式的综合体。积极的音乐能够使人心情舒畅、培养高尚情操、帮助开启智慧，帮助养成独特审美、分辨善恶的能力。除此之外，它还能够丰富想象力、激发创作灵感、鼓舞精神士气，使人们的生活往更好的方向发展。音乐和审美二者互相作用的结果主要是通过音乐审美的创造力、现实意义、终身学习、展现形式、精神享受体现出来的。其中，创作的重要性尤为突出，它不仅是音乐领域的推动力，更是整个人类发展的动力源泉。在音乐教育行业，创造性扮演着重要角色。老师更要以培养学生创造力为己任，引导培养学生的创作灵感和创意表现，帮助学生形成自己的创意思维、创作灵感和想象逻辑。音乐教育不仅仅是在音乐上教授学生，还应该注重学生心理和情感方面的需求，将音乐的创作性特点精准地传递给学生。同时，还应该充分尊重学生，不能只把他们当作学生，还要把他们当作音乐家，培养他们在创作、展现、欣赏、评价方面的能力和潜能。

### （六）文化学

音乐是人类文化传承的重要载体，蕴含着丰富的文化和历史内涵，记载着人类历史的发展，可以满足不同层次人们的精神文化需求。音乐反映和表达社会的基本价值和文化结构，可以为学生提供一种进入理解世界其他各种文化的途径，也有助于各社会成员更好地理解他们自己的音乐。所以，音乐应当被看作是一门传承文化的学科。

音乐的各种美感是在不同的生活环境、不同的文化背景、不同的历史沿革、不同的地理位置中培养起来的。区域特性美、乐趣美、情感表达美、风格美、意境美等集中了音乐的多元性。这就要求音乐教育也要注重多元化的培养。"音乐"和"教育"既独立又统一，共同承担着人类文化发展的不同部分职能。受到不同国家和民族音乐的影响，音乐文化存在着诸多不稳定性，造成了音乐教育的不确定性。但是，不管怎样，都要充分尊重不同国家和不同民族的音乐作品，并吸取它们的精髓进行学习和创新。音乐教育要以本国音乐为特色，同时学习、探索其他国家和民族积极向上的音乐文化，促进本国音乐的繁荣。

### （七）人类学

人生来就有创造的能力。一个人能听懂音乐、能唱诵音乐、能创作音乐，这体现了人的本能。音乐自诞生以来一直扮演着记录历史、传递历史、展现现在、展望未来的角色。音乐不仅可以给人们带来精神享受，还可以激励人们，帮助人们走出低谷。马斯洛需求理论主要包括五个层次。第一层是人的本能需求，如吃饭、喝水等；第二层是人追求安全机制的需求；第三层是感情上的需求；第四层是社会地位的需求；第五层是实现个人理想和抱负，最大限度发挥个人能力的需求。随着时代的发展，在第四种需求和第五种需求之间，他增加了认知和审美需求。他的理论提出，这五种需求层次代表了人类的发展阶段。当一个人有了自我实现需求，就证明他的创造力正在被开发出来，这是一种创造力的体现。由此可见，审美能力和创造能力都属于上层需求，需要在满足基本需求之后才能衍生出来。创造能力则是处于人类需求理论的最高层。能够激发一个人向前发展的原始动力。音乐和人类生活密不可分，音乐教育的发展对于促进人类的全面发展至关重要。学校应该加强音乐教育，力求让学生从音乐中找到归属感，找到快乐的源泉和发展的动力。

## 三、创新理念

### （一）教育观

随着社会的发展、技术的进步和人才需求的变化，教育领域面临着变革性的机会和挑战，这种发展必然会推动人们重新审视教育理念，而教育理念的创新又为教育的发展提供了强大的动力。

新的教育观念无疑将为音乐教育发展带来良好的契机，对推进音乐教育创新具有基础性的重要作用。在音乐教学中还应注意以下转变：

1. 从"以技艺训练为中心"转变为"以审美教育为中心"的观念

以前在音乐教学的过程中，教师一般都会以乐理知识的传授作为重点，力求让学生先掌握识谱等基础能力，强调各种唱歌技能的重要性。而对于学生对音乐的看法和感受，往往采取了忽视态度，对音乐本身的教学内涵视而不见。这种态度对学生学习音乐的积极性和主动性造成很大影响，因此导致很多学生对音乐学习缺乏兴趣。音乐教学本质是一种审美意识的提升，音乐应该是教学的主要内容，要从学生的内心体验出发，用情感打动学生，丰富学生的情感体验和感受，促进他们的身心健康发展。因此，只有重视音乐的艺术性，才能突出音乐教学的特征，让音乐教学获得预期的教学效果。

2. 从"以知识为中心"转变为"以培养学生的创新精神和创新能力为中心"的观念

以往的教学观点认为，将知识灌输给学生就足够了，传授的知识越多越好，而从教学效果的角度来看，这种认识是不全面的。随着社会的发展信息化和数字化的趋势日益加强，每天都有无数的信息充斥在学生周围，教师是不可能完全掌控的，因此老师最重要的作用应该是转变为一个指导者，引导学生自主学习，自已获取和掌握知识，培养他们的主动学习能力，以及促使他们培养创新思维的能力。总的来说，时代的要求需要老师的教育理念更加多元化发展，并要逐步和国际理念接轨，以满足时代的发展需求，更好地迎接时代赋予的机遇和挑战。

### （二）教育功能观

所谓正确的教育功能观是指人们可以科学合理地认识教育的实质。现代化的教育不再仅仅是简单地传授知识，而是逐渐转换为对学生的创新素质的培养。现代化的教育使命是要利用教育的方式来提高学生的创新能力。"学会生存"报告是由联合国教科文组织国际教育发展委员会于 1972 年发布的，该报告强调，应该通过教育来激发人们的潜能。文化对于人们创造能力的影响极其重要，它既可以成为人们超越自己的一种能力，也是最容易被压制的一种能力。而通过教育可以有效地对创造能力进行激发和创造。从该观点也可以看出，教育对学生的创新能力的影响可能是积极的，也可能是消极的，这就要人们能正确地利用教育。人们想要利用教育来培养学生的创新能力，那就必然要对教育有着深层的认识，这样才能将积极作用进行最大化的挖掘，并有效规避一些不利的影响因素。否则，教育的不恰当利用不但不能提高学生的创新水平，甚至可能对其产生较大的抑制作用。著名的心理学专家皮亚杰也认为：培养学生的创新能力才是教育的第一目标，而绝非对前人经验的重复。这一观点也表明了教育的重心已经从以往的固有知识的传授转变为培养学生的创新意识和创新能力。这一教育功能观念也是随着时代的发展而提出来的。

### （三）教师观

21 世纪经济的发展将使教育的观念、内容和形式与过去大不相同。知识的迅速增长以及获得知识的多种来源和方式使教育的任务不能简单归结为传授知识、授业解惑，教师应该以培养学生创新意识和创新能力为己任，从传统的知识传授者变为学生探求知识的引路者，这也是教育创新对教师素质和角色的新理解。信息和网络更新换代的速度加快，使得教师不再拥有知识优势。这必然会导致老师的角色发生重大改变，具体表现在以下几个方面：教师从以往的课堂主导者转变为课堂活动的指导者和合作者；从知识灌输的主动方转变为引导学生自主学习的指导者和组织者；从以往的静态知识的传授转变为动态知识的研究和探索。课程强调的不再是跑道的构建，而是将关注重点放在了教学的过程之中，让学生能够发现学习中的乐趣，从而进行积极的、主动的探索和研究。教育的价值所在已经由以往的知识传授转变为引导学生在学习过程中结合自身经验进行知识的重建和转化。这些转变的根源在于老师地位的转变，并对教育的实质和价值体现有了不同以往的理解，这种价值并非是以传道授业解惑为基础的，面对这种新的理念，教师的态度至关重要，是决定着教育模式能否有所创新的关键因素。

音乐教师要将工作当成是一种快乐的生活享受，只有如此才能与学生一起在音乐中进行共同探索、共同享受，并获得共同成长。教师在教育过程中要充分发现学生所掌握的教育资源，这也是通常所说的"反哺"。

## （四）课堂观

创新的音乐教育理念是要突破以往学生只是作为听众的局面，引导学生进行自主和快乐地参与到课堂教学中，与教师进行紧密的互动和交流。音乐可以促进人们的情感互动和沟通，这也是音乐的一个重要特征。合唱等音乐表达形式更好地促进学生之间的合作和交流，并获得音乐审美能力的提高，对培养学生的合作精神和团队意识具有重要意义。音乐课堂教学最主要的目的是培养学生的审美情趣。音乐教学信息的传递是多元化的，可以在师生之间、学生之间以及学生和社会之间进行。因此，教学形式也需要具有一定的变化性、多样性和开放性。音乐教育的课堂应该综合考虑课堂内外、家庭和社会等多个方面，采用多途径、多方位和多手段的教学方式。

## （五）评价观

教育评价创新性改革能够正确指引教育的方向，提高教学效果，加强教师和学生的整体素养。教育评价需要遵守几项重要原则，即导向性原则、可操作性原则和整体性原则。针对不同阶段的教育过程，采取的评价手段也应有所不同，而评价手段通常有诊断性评价、发展性评价、过程性评价和终结性评价四种类型。任何一种评价手段，其最终目的都是为了体现所做的改进的意义。评价方式应该倡导建立自控、互控和调控的立体式评价系统，充分利用各种有促进作用的因素，让音乐教育的发展更加系统化和全面化。

音乐教育创新通常将学生的合作学习、探究学习和创新学习放在首位，强调的是学生的进步而不是一定要成功。这也是创新教育评价的一个重要尺度。同时，对于受评人的参与程度和自我评价的作用也是创新评价比较注重的，可以说，创新评价的终极目标是要让受评人能够比较科学、理性地进行自我评价。并将小组竞争取代传统的个人竞争，既体现了小组内成员的相互合作，也体现了小组之间的相互竞争，形成了新的局面。

除此以外，音乐教学过程中也要有一定的创作性，这样才能体现音乐的创造性特征，而在评价音乐教育的时候也不能一成不变、固守成规。而是要凸显教师教学工作的创造性和复杂性，这有助于鼓励教师采取个性化的教学方式和内容，从审美的高度来审视和评价教师的教学成果。而从学生的角度来看，学生的心路历程、生活阅历和文化层次都不尽相同，这使得他们认识和理解音乐的角度也不相同，所以，音乐教育评价的多元化是非常有益的，从学生感兴趣的点进行切入，可以促进学生的创新性学习。

### （六）可持续发展教育观

在现代化社会中，人们强调终身学习的态度，以保持知识的可持续性和可发展性。总的来说，以人为本体现了教育新的价值观，让人们在学习中学会学习、学会沟通和学会生存。随着物质文化生活水平的提高，人们对生活质量有了新的认识，艺术化生存成为人们追捧的一种生活方式。而艺术化的生活少不了音乐这一重要因素，所以，音乐教育的创新最主要的是能够让学生融入音乐之中，并获得心情愉悦的享受，这是音乐的必备条件之一。培养学生热爱音乐、享受音乐的习惯，这将有助于实现音乐教育的终身学习了。可持续发展观念的形成是在以人为本的基础上延伸而来的，这种观念非常重视学习中个体的作用和需求，让学生学会进行体验、理解和表现，形成全面的、系统的认识。此外，可持续发展也是教育的最终目标，它将给人们的生活带来新的价值。


## 第三节　创新型音乐教育的培养路径分析


### 一、创新动力是根基

创新动力是高楼大厦的根基，是创新型音乐教师的工作动力。

### （一）根基要正

这意味着从事音乐教育的方向要正，即创新型音乐教师的人品、行为、动机的端正。

从老师的角度来看，只有通过创新才能促进他们不断发展和进步。而获得创新思维最重要的来源之一就是创新动力。创新型音乐教师必须怀抱着远大的职业理想，将音乐教学当成自己的事业，并进行不断的努力和拼搏，在这个过程中，他们要形成高尚的人格、强大的责任感，乐于奉献、爱岗敬业，时刻保持工作的热情和主动性，这对顺利开展音乐教学工作来说是非常重要的保障。教师高尚的品德能够在学生中起到言传身教的示范作用，他们用自己的一言一行来感化、熏陶学生，从而确保教育工作一直朝着正确的方向前行。

### （二）根基要深

高楼的稳固性取决于地基的稳固性。同样地，要让音乐教学能够体现出创新性特征，必须先将创新性观念深植于音乐教师的内心，这样才能保证音乐教育始终以创新性为重要方向，达到音乐教学目标的高效完成。

## 二、创造力教育观是框架结构

### （一）具有创造意识和创新精神

音乐创造型教师最显著的特点表现在他们都具备强烈的创造精神。在教学过程中，他们不断进行创新、促进自己的发展。他们勇于打破常规，不墨守成规。达尔克罗兹是非常著名的瑞士音乐教育专家，他创造的"体态律动教学法"，就是对传统音乐教学进行的突破和创新。这套教学方法提出之初，也遇到了很大的阻力和质疑，不过在实践运用中却逐渐被专家们所认可和采纳。事实表明，教师的积极向上、敢于创新、具有合作精神对教学的不断创新有着非常重要的作用，因此能够获得学生的认可和喜爱。

### （二）具有创造需要和创造兴趣

创造力的激发需要具备一定的创新精神，创造兴趣也是教师探索和创造的重要原动力。此外，创造激情也是老师成为创新型音乐老师的必备条件之一，因为老师的创造激情能带动学生的创造激情，从而形成创新型的教学方式，使得课堂气氛相对比较自由、轻松，从而保证教学目标得以实现。作为创新型音乐教师，要具备以下的创造教育观：

第一，突破阻碍创造思维的"心理屏障"，在音乐教学中留给学生一片想象的空间。创造性思维是人类思维中最具魅力的一种思维方式，因为人们在思维上容易受外界的影响，并局限在既定的一些约束之中，导致很多学生的创造性思维还未萌芽就被掐断了。音乐教学的过程中体现了动态的、创造性等特征，因此创造力对音乐教学的作用是至关重要的，应通过尽量多的实践机会让学生能够深刻地体会音乐带来的身心感受，在快乐中学习和体验。在音乐学习中，要多参与、多互动、多游戏、多思考。创新型音乐教师在这个过程中要起到正确的引导作用，让学生开动脑筋，多想多做多体验，使其具备独立思考的能力。总的来说，创新型音乐教师就是要摒弃传统思维和定向思维的禁锢，给学生留有充分的想象空间，从而充分激发学生的想象力和创造力。

第二，提倡"鼓励—鼓励—再鼓励"的赏识教育观，激发学生的主动性和创造性。老师在进行音乐教学时可以模仿父母教子女说话的方式来进行，并不断地鼓励他们。这种方式也是创新型音乐教师常用的教学手段，总是相信自己的学生一定可以学好，对学生的极度肯定有利于提高学生的学习热情和学习主动性，同时还能将学习的乐趣传递给学生。

第三，面向全体学生树立迟播的创新种子也会发芽、结果的创新教育观。创新型音乐老师在教学过程中会充分考虑学生的个体性差异，实施有针对性的教学方案，不放弃任何一个学生，尽可能激发出他们的想象力和创造力。对待学生一视同仁，特别是基础差、调皮的学生。任何一个学生都具有创造力，尽管学生还没有做出伟大的创作，但偶尔的灵感火花也是非常珍贵的。老师有责任将这种智慧火花培养成燎原之势，让学生产生创造性的想法，并能够享受学习的过程。

第四，树立创造力是未来通行证的观念，把创新思想融入自己的教育理念中。社会的进步对人才的要求也越来越高，而发展的基础必然是人才，尤其是创造性的人才。创造力是一个人、一个民族，甚至是一个国家最重要的发展前提。因此，21 世纪的教育重点也是创造力的培养。只有每个人都具备创造的能力，教育的创新型发展才有可能实现。

第五，构建民主、平等、和谐的新型师生关系，激发学生的积极性、创造性。传统的音乐教学课堂上，老师和学生之间就是一个传授和被动接受的关系，这对学生的学习热情和自主性都有一定程度的抑制。创新型音乐老师最大的不同之处在于老师不再是课堂中绝对的权威代表，他们在学生创造力的激发上起着积极的引导和支持作用，并与学生建立亲密的合作互动关系。

第六，树立教学、科研并重的教学观，自觉加强科研能力的培养和训练。创新型音乐教师需要全力以赴地做好各种备课和评课的准备工作，积极参与学术讨论和研究活动，最大限度地获取教育资源，让自己的教学能力得到不断提高，这样才有利于确保教学效果的提升和教学目标的完成。

## 三、知识结构是"建筑材料"

### （一）本体性知识

成为创新型音乐老师，首要条件是具备音乐专业知识体系（如器乐、视唱练耳、音乐理论）和声乐等基础知识，这是老师进行课堂讲授的必备技能，当然并非是说具有了一定的音乐专业知识就可以了。

### （二）文化知识

教师的工作就是教书育人，因此要集思广益。对于创造型音乐老师，有着更高的要求，需要其自身具备渊博的知识，并有较好的组织和整理信息的水平，对现代化的教育理论有一定的认识和独到见解，对创造力的概念有明确认识，并可以进行灵活运用，将理论知识指导实践教学并获得教学效果的提升。"博"和"专"是老师必备的两项基本能力。

### （三）教育实习经验

教师的教学实践经验指的是教师具备的掌控课堂教学的能力，经验的形成是在长期的实际教学中所获得的。学生实践能力的培养主要受老师实践能力大小的影响，只有教师具备丰富的实践经验，才能够有针对性地指导学生进行实际操作。现代化的教学中强调探究性实验的应用，这样学生才能够进行独立思考和实践，同时，还可以通过分成小组的形式来进行教学，让学生可以自己去探索并积极参与音乐活动，这种教学方法有助于培养他们的合作精神、交际能力和解决问题的能力，从而提升他们的综合素养。

### （四）工具知识

工具知识包括以下几点。

第一，外语知识。掌握外语知识能让老师对国际上的音乐教育动态有及时的把握，使得自己的教学研究层次更高，而且还能参与国际化的学术研讨和交流。因此，较高的外语水平也是适应知识全球化发展的一个重要能力。

第二，现代化教育技术。随着教育手段越来越现代化，要求创新型音乐教师也必须要较好地掌握新科技和新知识，并能熟练运用现代化的教学手段，能灵活掌握多媒体的操作方法，能独立制作多媒体课件等，并通过自身所具备的知识和资源，将教学程序设计得更加简化和更具趣味性，引导学生进行自主学习和主动思考。所以，创新型音乐老师不能局限于能熟练操作一些老式的电教设备，如录音机、幻灯机和录像机等，还必须掌握与电脑和多媒体技术相关的新型教学设备，同时，还需要掌握现代化的教学技术，并与传统教学技术进行结合，从而全面提升自己的教学效果和质量。

第三，科学研究必备的知识。音乐实践实验研究必然要涉及心理学、教育统计学和教育学等各个方面的知识。而老师所具备的知识是整个教学过程中的源头，而且这个源头的水是能够活动的、换新的，这样才能保证知识的传授符合时代发展的需要。

## 四、创新的技法和艺术是"施工技术"

### （一）创造性思维能力

即包括了创造性解决问题的能力和创造性理解问题的能力。创造性理解问题的能力是指在面对事情时有一个全新的考虑角度，并具有自己独特的思路和不同寻常的理解和认识的一种能力。这两者之间是相互依存、相互作用的，创造性思维能力比较突出的老师在解决问题时会以寻求不同寻常的思路为主，从而有利于学生创造性思维的发挥。

### （二）创造性教学能力

对教材进行创造性的把握能力、对教学方法进行创造性的把握能力以及对教学应变上的创造性能力统称为老师的创造性教学能力。在信息资讯日益发达的现代社会，音乐教师需要具备对教学资源进行收集、发现、甄选和整理的能力，同时还要培养学生的这种能力，使得学生可以在广阔的资源库中搜索到有用的信息，并能进行问题情境的创建，以高效学习音乐课程；他们需要辨别具有创造性的信息，并可以自行整理和组合，从而取代以往的机械化记忆，对教学效果的提升也是很有益处的。因此，这也是音乐教师能够创造性地把握教材的一个重要体现。对教学方法进行创新性的把握指的是依据现有的教学条件、教学内容和学生的现有水平，并将创造性能力的培养作为教学目标，利用具有创新性的教学方式和手段对音乐教学进行设计和创设，以突出学生的创新性学习。在教学应变能力方面，创造性主要指的是教师能够灵活把握学生的学习动态，结合学生的兴趣展开教学活动，从而达成教学目标。面对教学过程中出现的突发情况和意外事件，能够适时、合理地解决，以确保教学活动能够如常开展。

# 第四节　学前音乐教育的创新策略

学前音乐教育可以有效激发学前儿童的学习兴趣，增强他们的综合素质。因此，随着社会经济文明的不断发展，学前音乐教育日益受到社会各界的关注和支持。若要提高学前音乐教育的效率，就必须创新学前音乐教学模式。随着我国幼儿音乐教育事业的不断进步，社会各界日益认识到幼儿音乐教育对幼儿身心发展的重要影响。一方面，学前音乐教育可以让儿童接受音乐的熏陶和感染，进而陶冶幼儿的情操，提升幼儿的音乐学习兴趣。另一方面，幼儿音乐教育还可以增强幼儿的创造力、注意力、观察力，进而提升审美能力，丰富幼儿的内心世界。此外，学前音乐教育还能够引导幼儿逐渐融入集体，并与教师实现良性互动，从而增强幼儿的集体情感。可见，学前音乐教育对幼儿的身心发展起着重要作用。然而，目前我国的学前音乐教育模式和理念仍需进一步完善和发展，因此，如何不断推进学前音乐教育的创新是当前学前教育面临的重要课题。

## 一、学前音乐教育存在的问题

音乐教育是学前教育的重要组成部分。经过多年的努力和发展，当前学前音乐教育已经取得诸多喜人成绩。但不可否认，其中依然存在许多不容忽视的问题和不足。例如，缺乏音乐教学设备、教学内容不科学、教材单一僵化、教学设计缺少创意等。调查显示，经济发达地区的学前音乐教育水平相对较高，而许多落后地区的学前音乐教育水平则需进一步提高。同时，在同一地区，学前音乐教育的教材也存在一定的差异，缺乏统一的标准，这导致部分教师在学前音乐教育中随意安排教学内容，忽视了幼儿的认知特点和年龄特征。还有部分地区的教师在学前音乐教育中只是教幼儿学习简单的儿童歌曲，教学内容单调枯燥，忽视了学生的创作力和想象力的培养。此外，随着新媒体的不断兴起和普及，部分幼儿教师不再加强训练自身的声乐、钢琴和舞蹈等技能，而是过于依赖多媒体的放映功能，这不仅不利于教师和幼儿的互动，还无法充分激发幼儿的学习兴趣和参与性。可见，当前我国学前音乐教育中存在许多不足，因此，我们必须采取先进的学前音乐教育理念，创新学前音乐教育模式和内容。

## 二、学前音乐教育的创新实现策略

### （一）创设情境激发孩子的音乐创造力

教师在学前音乐教育中可以引导幼儿用话剧表演、绘画等形式，展现音乐中描绘的场景。这种情境创设的教学方法可以使音乐转化为形象、直观的画面，能够有效提升幼儿的创造能力和实践能力，激发幼儿的主观能动性。将听到的音乐通过自己的想象和演示，转化为生动有趣的场景，这可以加深幼儿对音乐的认知，同时也可以为幼儿提供展示自己的平台，提升幼儿的表达能力和勇气。此外，幼儿在创设情境时还需要表现出愤怒、愉快、紧张、生气、兴奋等情绪，这在一定程度上可以完善幼儿的人格。

### （二）用生活中的音乐提高孩子的学习兴趣

从生活中的音乐入手，可以有效激发幼儿的音乐学习兴趣。幼儿尚处于心智发展阶段，对外部世界充满好奇心，生活中的各种声音都能够吸引幼儿的注意力。例如，虫鸣鸟叫、山风吹拂的声音、妈妈讲故事的声音、溪水流淌的声音、奶奶洗碗的声音等。这些生活中随处可听到的声音对幼儿充满诱惑力。因此，学前音乐教育可以从这些日常生活中常见的"音乐"入手，因势利导，引导幼儿注意聆听生活中各种有趣的声音，培养幼儿发现美、感知美和认识美，陶冶幼儿的音乐情操，以此帮助幼儿领略音乐的魅力，增强幼儿对音乐教学的兴趣，为学前音乐教育打下良好基础。

### （三）增强教材内容的系统性

目前，我国还没有系统的学前教育指导文件。因此，学前教育单位应当合理编写园本音乐教材。根据本地区、本园幼儿的学习特点和兴趣爱好，因地制宜，编写系统、科学的音乐教材。此外，还可以借鉴吸收国际先进音乐教育理念和多样化的幼儿培养思想，比如日本铃木真一、德国奥尔夫的教育思想。这不仅可以增强学前音乐教育的科学性和系统性，也能够紧跟时代发展形势，提高学前音乐教育的时效性。与此同时，教师还应当掌握相关的心理学和教育学知识，把握幼儿的心理特点与发展规律，进而编写更加符合幼儿学习需求的音乐教材。

### （四）促进音乐教育的多元化发展

教师在学前音乐教育中进行多元化的知识渗透，可以全方位激发幼儿的音乐学习兴趣。比如，可以采用"地图式"音乐教学法，用简单易懂的语言为幼儿生动形象地讲解各个国家的人文、地理、音乐知识，激发幼儿对这个国家音乐的学习兴趣。再如，将音乐教育与表演有机结合起来。鼓励幼儿根据听到的音乐创作故事，并与其他幼儿一起表演故事情节。或者为幼儿讲解简单的音符，然后鼓励幼儿通过简单的想象和组合，创作乐曲，以此提升幼儿的创造力和想象力。

总之，目前我国学前音乐教育逐渐受到教师、家长和社会的广泛重视。但由于我国学前音乐教育起步较晚，因此，仍处于学习和完善阶段。这就要求我国学前音乐教育必须根据我国幼儿的发展特点，不断创新学前音乐教育的模式和策略，进而完善学前音乐教育体系。此外，幼儿教师也必须不断提升自身的专业素养和综合素质，构建轻松愉悦的音乐学习氛围，通过多样化的教学手段，激发幼儿的音乐学习积极性。

# 参考文献

[1] 贺绍华，邓文静.学前儿童音乐教育 [M].北京：中央广播电视大学出版社，2017.

[2] 罗娟.全国学前教育专业（新课程标准）"十三五"规划教材·音乐基础 [M].上海：复旦大学出版社，2017.

[3] 文霞，张念，何莉.中等职业学校学前教育专业规划教材音乐实用教程 [M].重庆：西南师范大学出版社，2017.

[4] 孙莹，张白雪，李雁.浅谈音乐教育 [M].成都：电子科技大学出版社，2017.

[5] 严小琴，吴树燕.学前声乐教学的创新与探索 [M].长春：吉林文史出版社，2017.

[6] 苏卫涛.高职学前教育专业学生职业核心能力培养研究 [M].长春：东北师范大学出版社，2017.

[7] 赵静.音乐学前教育的教学理论与实践指导 [M].北京：中国书籍出版社，2018.

[8] 宋延军.学前儿童艺术教育 [M].重庆：西南师范大学出版社，2018.

[9] 滕宇，王艳红.学前教育原理与实践 [M].北京：北京理工大学出版社，2018.

[10] 刘俊萍，蓝四美，程丹.学前儿童艺术教育 [M].镇江：江苏大学出版社，2018.

[11] 许可，李聪.学前儿童艺术教育美术分册 [M].开封：河南大学出版社，2018.

[12] 常宏.学前教育理论分析与课程开发研究 [M].青岛：中国海洋大学出版社，

2018.

[13] 辛均庚，王双宏，石恒帅.民族地区学前教育改革与发展研究 [M]. 成都：西南交通大学出版社，2018.

[14] 宋薇.学前儿童音乐教育与培养 [M]. 北京：现代出版社，2019.

[15] 陈晓，王连悦，关聪.学前教育音乐素养与实训教程 [M]. 镇江：江苏大学出版社，2019.

[16] 符丽琴.学前儿童音乐教育理论与实践研究 [M]. 北京：北京工业大学出版社，2019.

[17] 袁媛，徐丽琴，张满.学前儿童艺术教育与活动指导 [M]. 昆明：云南美术出版社，2019.

[18] 翟理红.学前儿童游戏教程 [M]. 上海：复旦大学出版社，2019.

[19]周燕.高职高专学前教育专业"十三五"规划教材·幼儿活动设计[M].成都：西南交通大学出版社，2019.

[20] 郑永健.学前教育实用规划教材·儿歌视唱有声教程 [M]. 苏州：苏州大学出版社，2019.

[21] 王艺蓓.音乐教育与实践探究 [M]. 长春：吉林人民出版社，2019.

[22] 王丹.学前儿童音乐教育理论与实践 [M]. 长春：吉林大学出版社，2020.

[23] 索丽珍，林晖，高妍苑.学前儿童艺术教育 [M]. 重庆：重庆大学出版社，2020.

[24] 蓝天.学前特殊儿童教育 [M]. 哈尔滨：黑龙江大学出版社，2020.

[25] 穆红霞.学前教育信息技术应用 [M]. 北京：北京理工大学出版社，2020.

[26] 姚希.幼儿园教育活动设计与实践 [M]. 北京：机械工业出版社，2020.

[27] 孙光峰.欢乐教育之道 [M]. 开封：河南大学出版社，2020.

[28] 朱凯利.幼儿游戏理论与实践 [M]. 西安：西北大学出版社，2020.

[29] 洪宇，杨静.声乐 [M]. 苏州：苏州大学出版社，2020.

[30] 张中柏，吴玲，黄婷婷.音乐基础教程 [M]. 成都：电子科技大学出版社，2020.

[31] 阎妍.学前儿童音乐教育的探索研究 [M]. 长春：吉林人民出版社，2021.

[32] 何怀兵，张娓.职业教育学前教育专业新形态教材·儿歌弹唱教程 [M].

重庆：重庆大学出版社，2021.

[33] 王麒，李飞飞 . 学前儿童艺术教育活动指导 [M]. 上海：复旦大学出版社，2021.

[34] 王京龙 . 幼儿园音乐活动设计 [M]. 上海：上海交通大学出版社，2021.